Una vida SIN conflictos

CÓMO ESTABLECER RELACIONES SALUDABLES DE POR VIDA

JOYCE MEYER

CASA CREACIÓN

Para vivir la Palabra

Para vivir la Palabra

MANTÉNGANSE ALERTA;
PERMANEZCAN FIRMES EN LA FE;
SEAN VALIENTES Y FUERTES.
—1 CORINTIOS 16:13 (NVI)

Una vida sin conflictos por Joyce Meyer
Publicado por Casa Creación
Miami, Florida
www.casacreacion.com
©2008 - 2021 Derechos reservados

Library of Congress Control Number: 2007941573
ISBN: 978-1-59185-932-1
E-book ISBN: 978-1-61638-059-5

Desarrollo editorial: *Grupo Nivel Uno, Inc.*
Apatación de diseño interior y portada: *Grupo Nivel Uno, Inc.*

Publicado originalmente en inglés bajo el título:
 Conflict-Free Living
 Publicado por Charisma, A Strang Company,
 Lake Mary, FL 32746
 © 2008 por Joyce Meyer
 Todos los derechos reservados.

Nota de la editorial: Aunque el autor hizo todo lo posible por proveer teléfonos y
páginas de internet correctos al momento de la publicación de este libro, ni la editorial
ni el autor se responsabilizan por errores o cambios que puedan surgir luego de haberse
publicado.

Impreso en Colombia

21 22 23 24 25 LBS 9 8 7 6 5 4 3 2 1

CONTENIDO

"Por falta de conocimiento mi pueblo ha sido destruido."

—Oseas 4:6

"¿Quién es más ciego que mi siervo?"

—Isaías 42:19

Introducción

Fuimos creados para vivir en el amor y el entusiasmo de las relaciones armoniosas, libres de contienda, confusión y dolor. Dios quiere que nuestras vidas estén libres de división. Él quiere que vivamos en paz los unos con los otros, pero tal vida suele eludirnos a la mayoría de nosotros. En cambio, el conflicto causa estragos en nuestras vidas, dejándonos heridos y alienados los unos de los otros. Es decir:

- ► Acaba con nuestros matrimonios
- ► Amarga a nuestros hijos
- ► Aliena a nuestros amigos o compañeros de trabajo
- ► Divide nuestras iglesias
- ► Quiebra nuestra salud
- ► Roba nuestra paz y tranquilidad emocional

Yo lo sé, porque una vez mi vida y ministerio estuvieron en peligro de ser destruidos por conflictos y contiendas. Mi oración es que mientras usted lea las siguientes páginas, sus ojos sean abiertos y pueda ver, más claro que nunca, los efectos destructivos que la contienda y la disensión pueden tener en su vida, y que usted nunca vuelva a equivocarse en reconocer un conflicto o en confrontarlo.

7

Si queremos experimentar las bendiciones
y el poder de Dios, debemos resistir a los
ataques del enemigo, que suscita contiendas.

Jesús nos dio su paz para nuestra protección. Lo nuestro es: "quédense quietos", permitiendo "que la paz de Dios gobierne en vuestros corazones" (Éxodo 14:14; Colosenses 3:15, RV60) en cada situación. "Busca la paz, y síguela", y sé de "los que trabajan por la paz," (Salmos 34:14, RV60; Mateo 5:9).

La Palabra de Dios contiene algunas maravillosas promesas acerca de los pacificadores, incluyendo el Salmo 37:37: "Considera al íntegro, y mira al justo; porque hay un final dichoso para el hombre de paz" (RV60). Piénselo. Si usted es una persona de paz —si aprende a aprender a resistir el conflicto y la contienda— experimentará felicidad. Dios dice que sus hijos heredarán rectitud, paz y gozo. El Reino de Dios consiste en estas tres cosas, pero pocos de los que declaran a Cristo como su Salvador experimentan realmente estos beneficios en su vida cotidiana. Satanás engaña, miente y estafa a los creyentes aprovechando nuestra falta de conocimiento o nuestra falta de disposición a aplicar el conocimiento que tenemos.

El Señor nos ha mandado ponernos toda la armadura de Dios, para que podamos rechazar al enemigo en cualquiera de sus estrategias y engaños. (Vea Efesios 6:10-18). Si queremos experimentar las bendiciones y el poder de Dios, debemos resistir a los ataques del enemigo, que suscita contiendas. Debemos estar en guardia, porque nuestro "enemigo el diablo ronda como león rugiente, buscando a quién devorar" (1 Pedro 5.8).

Si los problemas de relaciones han asediado su vida, este libro es para usted. Si usted se está preguntando por qué no experimenta poder espiritual en su vida y ministerio, aunque está sirviendo a Dios y haciendo todo lo que sabe hacer, este libro es para usted. Si está confundido acerca de por qué se está perdiendo las bendiciones que Dios prometió a sus hijos, este libro es para usted.

En él, vamos a explorar por qué muchas de nuestras relaciones son lo opuesto a lo que Jesús prometió, y qué podemos hacer para disfrutar la vida que Dios quiere que tengamos. En la Parte Uno, aprenderá cómo reconocer un conflicto para que pueda, a su tiempo, resistirlo. En la Parte Dos, descubrirá cómo sanar sus relaciones problemáticas. Y en la Parte Tres, aprenderá cómo puede desatar el poder y la bendición de Dios en su vida.

Al final de este libro, también encontrará una guía de estudio interactivo que puede ayudarle a utilizar las ideas aprendidas en cada capítulo. Le dará claves dinámicas para identificar las raíces y síntomas del conflicto y la contienda, para que pueda disfrutar relaciones libres de problemas.

Lea, y aprenda cómo su vida y sus relaciones pueden estar llenas de armonía, poder y bendición.

PARTE I

Cómo identificar los signos reveladores

¿Por qué mi vida es tan difícil?

Una tarde, mi esposo, Dave, y yo íbamos a recoger a otra pareja, para salir a cenar con ellos. Habíamos estado en su hogar sólo una vez, y había pasado cierto tiempo desde esa primera visita. En nuestro camino hacia allá, Dave se volvió a mí y me dijo: "Creo que no me acuerdo de cómo llegar a la casa".

"¡Oh, bueno, yo sí!", dije rápidamente, y procedí a darle indicaciones.

"Realmente creo que no es el camino correcto para llegar", dijo él.

"¡Dave, nunca me escuchas!", exclamé. Mi tono y lenguaje corporal le hicieron saber que yo no apreciaba su cuestionamiento. Ante mi persistencia, finalmente Dave accedió a seguir mis indicaciones. Le dije que nuestros amigos vivían en una casa marrón en un callejón sin salida al final de tal y tal calle. Mientras conducíamos, le di indicaciones en cada vuelta.

Mientras nuestro auto daba la vuelta en la calle donde yo creía que estaba la casa, noté una bicicleta en la vereda. "¡Yo sabía que ésta era la calle correcta!", dije, "¡porque recuerdo esa bicicleta tendida ahí la última vez que estuvimos aquí!". Condujimos hasta el final de la calle, y ¿adivine qué? No había una casa marrón, no había un callejón sin salida. Estaba todo lo equivocada que podía llegar a estar.

Desearía poder decir que éste fue un incidente aislado. No puedo. Armé un lío tremendo en mi vida y en mis relaciones durante muchos años, y fui una persona realmente difícil de tratar. Siempre estaba en conflicto con algo o con alguien. Yo amaba a Dios, había nacido de nuevo, estaba bautizada en el Espíritu Santo y tenía en mi vida un llamado a un ministerio tiempo completo, pero también estaba muy herida y muy enojada.

Crecí en un violento y tormentoso hogar, y mi niñez entera estuvo llena de miedo, vergüenza, y culpa. Mi padre abusó de mí sexualmente, físicamente, verbalmente y emocionalmente desde que tenía tres años hasta que dejé mi hogar a los dieciocho. Nunca me forzó físicamente a someterme a él, pero sí me forzó a pretender que me gustaba lo que él estaba haciendo. Usaba la ira y la intimidación para controlar a los otros miembros de la familia y a mí.

Un día, cuando tenía dieciocho años, me fui del hogar paterno mientras mi padre estaba fuera trabajando. Poco después me casé con el primer joven que mostró algún interés en mí. Mi primer esposo era un manipulador, un ladrón y un estafador que normalmente estaba desempleado. Una vez me abandonó en California con sólo diez centavos y una caja con botellas de soda.

El abuso, la violencia, las mentiras y la manipulación que tuve que aguantar me hicieron sentir fuera de control. Por supuesto, no puedo dejar de admitirlo. Menos puedo dejar de admitir la intensa furia que sentía. Estaba amargada con respecto a la vida y la gente. Estaba ofendida con los que tenían vidas lindas y no tenían que soportar el dolor que yo tenía. No sabía cómo recibir el amor, la gracia y misericordia de Dios o de cualquier otro.

Incluso después de haberme casado con Dave, seguí haciendo todo lo posible para controlar a la gente y las circunstancias de mi vida para no volver a ser tan profundamente herida. Por supuesto, eso no resultó demasiado bien. Todas mis relaciones eran tensas y estresantes, y yo no podía entender por qué.

Como yo, mucha gente está experimentando
los estragos del conflicto, pero no lo reconocen
como la raíz que causa sus problemas.

Tampoco podía entender por qué mi ministerio no estaba creciendo y siendo bendecido, a pesar de todos los esfuerzos y oraciones de Dave y míos. Pero cuando fui creciendo en mi relación con Dios, Él empezó a trabajar en mi vida. A medida que estudiaba la Palabra y todas las promesas que nos da acerca de la paz, volví a quererla para mi vida, y el Espíritu Santo empezó a mostrarme que ese conflicto era la causa de mis problemas. Aprendí a reconocerlo y resistirlo. Ahora trato al conflicto como a un peligroso enemigo personal que traerá destrucción si no lo confronto.

Como yo, mucha gente está experimentando los estragos del conflicto, pero no lo reconocen como la raíz que causa sus problemas. Culpan a otros o a Satanás, y no se dan cuenta de que ellos mismos tienen el poder de decir "sí" o "no" al conflicto y la contienda. En vez de quedarse fuera de la contienda, dejan abierta la puerta al conflicto, y se pasan el tiempo cuestionando por qué sus vidas son tan difíciles.

Aprender a reconocer el conflicto

El diccionario define *conflicto* como: "Combate, lucha, pelea. Enfrentamiento armado"[1]. Otras palabras descriptivas que describen el conflicto: "Apuro, situación desgraciada y de difícil salida"[1]. Yo defino el *conflicto* como una disputa, una discusión, un desacuerdo acalorado o una corriente subyacente de enojo.

La Biblia tiene mucho que decir acerca del conflicto y la contención, que son, de hecho, la misma cosa, y de los puntos de conflicto como el origen de muchos otros tipos de problemas.

> Porque donde hay envidias y rivalidades, también hay confusión y toda clase de acciones malvadas.
>
> —Santiago 3:16

> Busquen la paz con todos, y la santidad, sin la cual nadie verá al Señor. Asegúrense de que nadie deje de alcanzar la gracia de Dios; *de que ninguna raíz amarga brote y cause dificultades y corrompa a muchos.*
>
> —Hebreos 12:14-15, *énfasis de la autora.*

El conflicto lleva al resentimiento, rencor, amargura u odio. Si no se confronta, destruye y devasta. Causa problemas y trae tormento a los miembros de la iglesia y al liderazgo de la iglesia, entorpeciendo el trabajo de Dios y contaminando a muchos.

Si una peste mortífera golpeara a una familia, el Departamento de Salud pondría a esa familia en cuarentena. Las autoridades emitirían comunicados anunciando que la casa está contaminada. Nadie se quedaría en esa casa o cerca de ella por miedo a ser contaminado o perjudicado. Es necesario que estemos alertas cuando se trata de eliminar el conflicto.

Por eso es muy importante aprender a identificar los síntomas del conflicto, que incluyen:

- ► Orgullo (o estar a la defensiva)
- ► Amargura
- ► Odio

- ► Enjuiciamiento y crítica
- ► Engaño y mentiras
- ► Ira
- ► Rebelión
- ► Descontento
- ► Miedo y negatividad

Cada vez que nos rendimos ante cualquiera de estos sentimientos, abrimos la puerta al conflicto, que es el preludio de la destrucción. ¡El conflicto mata! Mata la unción, la bendición, la prosperidad, la paz y la alegría.

El conflicto no sólo es un problema entre personas; muchas veces es un problema sin una persona. ¿Qué está pasando dentro de usted? Su atmósfera interior ¿es pacífica o tensa? El conflicto puede, y frecuentemente lo hace, afectar primero nuestra actitud. Un día, oí por casualidad a una mujer criticando y criticando el sistema postal y la oficina postal. Después de haberla oído hablar sobre reparto tardío de correo, paquetes perdidos y costo del franqueo, pensé: *El enojo de esta mujer le ha robado la paz y el gozo*. Cuanto más tiempo estaba enojada con el correo, menos disfrutaba de ir a la oficina de correo. Hasta hablar del tema la enojaba.

El conflicto suele iniciarse por una cuestión sin importancia, algo que no hace realmente una diferencia. Por ejemplo, una amiga hace un comentario al pasar de que le gustaba más nuestro anterior corte de pelo, y lo tomamos como una ofensa. Pero en vez de hablarlo con nuestra amiga, y hacer las paces, o extender gracia, elegimos repetir las palabras una y otra vez en nuestra mente, alimentando nuestro enojo. De ese modo, introducimos el conflicto en nuestra vida. Continuamos cayendo en el conflicto; y antes de ser conscientes de eso, parecemos estar constantemente enfurecidos.

Si bien típicamente el conflicto logra entrar en nuestras vidas a través de una persona, no siempre es así. Algunas veces nuestro conflicto puede ser con un lugar. Varios años atrás, compré un vestido en un negocio, y el vestido se rompió no mucho después. Cuando traté de devolverlo, la vendedora se rehusó a recibirlo. Yo estaba muy enojada, porque sentía que era injusto, y le hablé a todo el mundo acerca de este negocio y su mal servicio al cliente. Desalentaba entusiastamente a cualquiera que oía que iba a ir a comprar allí. Cada vez que pasaba por ese negocio mientras caminaba por el centro comercial, comenzaba a sentirme enojada. Si alguien venía conmigo, le repetía la historia y me volvía a sentir disgustada.

Dios empezó a mostrarme que debía olvidar a esa vendedora, e incluso al negocio de vestidos, cuya política no dejaba lugar para ocuparse de mi necesidad. Éste fue para mí un nuevo nivel de aprendizaje con respecto a perdonar. Sabía de perdonar a la gente, pero no a los lugares. Aprendí que estar en conflicto con un lugar es tan peligroso como estar en conflicto con una persona. La única diferencia es que el lugar no tiene sentimientos, pero el efecto sobre la persona que está en conflicto es igualmente destructivo.

El conflicto suele iniciarse por una
cuestión sin importancia, algo que no
hace realmente una diferencia.

Si fracasamos en reconocer y resistir el conflicto, envenenará nuestras actitudes y empezará a afectar negativamente todas nuestras relaciones: nuestras relaciones en la escuela, el trabajo, el hogar y la iglesia. Lo peor es que muchas veces no tenemos idea de cuándo empezaron los problemas, o de qué hacer con ellos.

Ése fue el caso de una mujer que se acercó a mí después de una de mis reuniones. Me contó que después de haberme escuchado predicar acerca del conflicto, había comprado el álbum completo de enseñanzas sobre el conflicto y comenzó un estudio del tema. Dijo que su familia tenía una larga historia de conflictos y divorcios, con un loco por hermano y una loca por hermana, y los hijos que odiaban a los padres. La noche que ella me escuchó hablar, Dios le reveló la causa de los problemas de relaciones que parecían asediarlos a ella y a sus parientes: habían fracasado en resistir el conflicto. Por consiguiente, los encuentros familiares estaban llenos de disensiones y también una corriente subyacente de odio.

Ella dijo que no quería seguir viviendo en estado de conflicto con nadie más; así que había escuchado la serie de grabaciones y aprendió a reconocer el conflicto y resistirlo. Con el tiempo, su vida y sus relaciones se volvieron más pacíficas. No sólo eso, compartió lo que había aprendido con muchos de sus parientes, y ellos también habían aprendido a cerrarle la puerta al conflicto y la contienda. Uno a uno, muchos de ellos fueron libres, porque aprendieron la verdad sobre la naturaleza destructiva del conflicto.

Les dijo: —Si se mantienen fieles a mis enseñanzas, serán realmente mis discípulos; y conocerán la verdad, y la verdad los hará libres.

—Juan 8:31-32

Confrontar el conflicto, abrazar la paz

El conflicto propaga una infección o enfermedad sumamente contagiosa. Muchos son contaminados y dañados por ella. Por eso, Dave y yo trabajamos arduo para mantenerlo fuera de nuestro hogar. Como nuestras personalidades son muy diferentes, muchas veces no pensamos o vemos las cosas de la misma manera. Sin embargo, hemos aprendido a hablar tranquilamente cuando estamos en desacuerdo, a tener cuidado de no dejar que el orgullo, el resentimiento, la amargura, los celos o el odio se interpongan entre nosotros. Cuando vemos síntomas de conflicto en nuestra relación, inmediatamente los confrontamos y restauramos la paz entre nosotros.

También hacemos un esfuerzo concertado por mantener las divisiones fuera del Ministerio Joyce Meyer. Cuando la gente viene a trabajar para nosotros, durante su entrenamiento, le decimos que no soportaremos a nadie que provoque conflictos. Les enseñamos a estar atentos a los síntomas de conflicto, como enjuiciamiento y críticas, para que cierren la puerta a la disensión y aprendan a llevar sus opiniones al Señor o a la persona responsable por su reclamo, no a otros empleados. Los entrenamos para que caminen en amor con los demás empleados, sean abundantes en misericordia y rápidos para disculpar una ofensa. Queremos que nuestro hogar y ministerio sean lugares donde reinen la paz y la armonía.

¿Y usted?

Oro para que al final de este libro usted esté muy hambriento de paz, de manera que haga todo lo que sea necesario hacer para mantener el conflicto fuera de su vida. Si debe contender con algo, contienda para mantener fuera la contienda. Sea diligente.

Recientemente, recibí una carta de una pareja que asistió a una reunión que ofrecimos en Florida. Escribieron que durante veintisiete años de su vida de casados, el conflicto y la contienda caracterizaron su relación. Aunque eran cristianos que se amaban mutuamente, nunca habían sido capaces de tener paz en su relación. Ellos reñían, discutían y no podían llevarse bien. Conocían bien la verdad de Proverbios 17:1: "Más vale comer pan duro donde hay concordia que hacer banquete donde hay discordia". Irónicamente, en su iglesia formaban parte de un ministerio de consejería para parejas casadas, aunque ellos mismos vivían bajo condenación porque no podían hacer en sus vidas lo que estaban enseñando a otros.

Escribieron: "Pudimos hacer un gran avance gracias a su enseñanza sobre el conflicto. Nunca supimos cuál era realmente el problema. Pero ahora lo sabemos y, por aquella revelación, podemos vivir en victoria".

El conflicto no tiene por qué destruir su vida. Si desea caminar en victoria, haga lo que esta pareja hizo. No es demasiado tarde. Aprenda a reconocer el espíritu de contienda y confróntelo. Niéguese a dejarse exacerbar por él, para poder reclamar la rectitud, la paz y el gozo que son legítimamente suyos como hijo de Dios.

Nota:
1. Diccionario de la Real Academia Española, 22ª Ed. – Edición en CD ROM, Ed. Espasa Calpe S.A., v. 'conflicto'.

CAPÍTULO 1

Resumen y reflexión

Para experimentar relaciones pacíficas y armoniosas, debemos recordar que la victoria sobre el conflicto y la contienda requiere que nos comprometamos en una batalla espiritual. Efesios 6:12 dice: "Porque nuestra lucha no es contra seres humanos, sino contra poderes, contra autoridades, contra potestades que dominan este mundo de tinieblas, contra fuerzas espirituales malignas en las regiones celestiales".

1. Defina *contienda* en sus propias palabras.

_____

_____

2. Todos hemos estado en circunstancias llenas de tensión y conflicto. Describa algunos de los síntomas de un conflicto en:

El hogar

_____

_____

La iglesia

_____

_____

El lugar de trabajo

_____

_____

Otra situación

_____

_____

_____

3. Piense acerca de las relaciones con las que lucha, sea en el hogar (con sus padres y hermanos, cónyuge e hijos), en la escuela, el trabajo o la iglesia. Pídale a Dios que le muestre dónde las siguientes características conflictivas han abierto la puerta a un conflicto específico en esas relaciones. ¿Por qué cosa usted decía o pensaba que estaba motivado?

Orgullo (¿Estuvo normalmente a la defensiva? ¿Insistió en tener la última palabra? ¿Estaba más interesado en defender su postura que en aprender la perspectiva de Dios en el problema?)

_____

_____

_____

Amargura (¿Empleaba frases tales como "tú siempre" o "tú nunca", que son síntomas de amargura oculta?)

_____

_____

Odio

_____

_____

_____

Enjuiciamiento y crítica (¿Ha atribuido a otra persona motivos e intenciones cuando no era posible conocer realmente el corazón del otro? ¿Ha hecho juicios de otra manera?)

_____

_____

Engaño y mentiras (¿Ha malinterpretado la situación desde el punto de vista de la otra persona, o se ha formado una opinión sin conocer todos los hechos? ¿Se ha formado opiniones basadas en chismes? ¿Ha mentido o torcido de alguna manera la verdad?)

_____

_____

Enojo

_____

_____

Descontento (¿Ha hecho o dicho algo por inquietud o ansiedad?)

_____

_____

Miedo y negatividad (¿Ha hecho o dicho algo por miedo y negatividad?)

_____

_____

_____

4. ¿Está en conflicto consigo mismo? Describa cómo cualquiera de las características antes mencionadas se aplican a sus pensamientos o a cómo se ve usted mismo.

_____

_____

_____

5. ¿De qué maneras el conflicto y la lucha han causado estragos y destrucción en su vida?

_____

_____

_____

6. ¿Cómo debería cambiar su vida si usted busca sanar cualquier problema relacional y resistir al conflicto?

_____

_____

_____

Señor, ayúdame a reconocer el conflicto y aprender a resistirlo. Ayúdame a ver la llegada del espíritu de contienda mucho antes de que haga estragos en mi hogar y mi vida. Dame gracia para no alimentar nunca el espíritu de contienda en mi vida o en la vida de los demás. Amén.

Yo tengo razón y Tú

estás equivocado

Alguna vez ha estado absolutamente seguro de que tenía la razón acerca de algo? Su mente parecía tener un depósito de hechos y detalles para probar que usted estaba en lo cierto, pero terminó equivocándose. ¿Qué hizo? ¿Admitió su error o siguió insistiendo y tratando de encontrar una manera de defender su postura?

En el pasado, cuando mi esposo y yo veíamos una película o *show* de televisión, a menudo, discutíamos sobre quiénes eran los actores o actrices que los protagonizaban. Me parecía que Dave pensaba que Henry Fonda interpretaba la mitad de los personajes de las películas.

"¡Oh mira!", decía mientras veíamos una película en la televisión. "Actúa Henry Fonda."

"Ése no es Henry Fonda", le respondía yo, y ahí comenzábamos a discutir y pelear. Ambos estábamos tan resueltos a tener la razón que insistíamos en quedarnos levantados hasta más tarde de lo que deberíamos, sólo para ver los créditos al final de la película. Entonces, uno de los dos decía: "¡Te lo dije!".

¿Por qué nos desesperamos tanto por tener razón? ¿Por qué nos resulta tan difícil estar equivocados? ¿Por qué será tan importante para nosotros "ganar" cada discusión?

> El orgullo anhela desesperadamente
> verse bien, parecer inteligente, ser
> admirado incluso por uno mismo.

Durante años, me sentí mal con respecto a "quién" era yo, y para poder sentir alguna confianza, tenía que tener la razón siempre. De modo que discutía y llegaba hasta cualquier extremo para probarlo. Siempre había alguien que me desafiaba, y vivía frustrada tratando de convencer a todo el mundo de que yo sabía de qué estaba hablando.

Recién cuando mi identidad se arraigó en Cristo, comencé a experimentar libertad en esa área. Ahora sé que mi valor no depende de tener razón ante otros. Se fundamenta en el hecho de que Jesús me amó tanto como para morir por mí y llevarme a una relación personal con Él.

¿Por qué necesitaba tener razón? Porque mi orgullo estaba en juego. El orgullo anhela desesperadamente verse bien, parecer inteligente, ser admirado incluso por uno mismo. Tanto que, como nos dice Abdías 1:3: "La soberbia de tu corazón te ha engañado" (RV60). La soberbia puede engañarnos y hacernos creer que estamos en lo cierto cuando en realidad estamos equivocados.

La soberbia quiere complacer desesperadamente la carne a cualquier costo. La carne, si no está bajo el control del Espíritu Santo, hace todo lo que esté a su alcance para lograr su propio cometido. "Dame lo que quiero, cuando yo lo quiero, como yo lo quiero, ¡y hazlo ya!" Éste es el grito de todos nosotros, cuando estamos separados del Espíritu de Dios.

La soberbia no puede llevarnos a la victoria. No hay esperanza de paz sin disposición a humillarnos. La Palabra de Dios nos enseña que la soberbia conduce a la destrucción: "Al orgullo le sigue la destrucción; a la altanería, el fracaso" (Proverbios 16:18). La soberbia busca derribar al otro para fortalecerse a sí misma. Cuando tenemos soberbia en nuestros corazones, nuestras palabras suelen volverse sentenciosas y causar división, originando toda clase de descontento y problemas en nuestras relaciones.

Corazones arrogantes, palabras que dividen

Las palabras tienen poder. Pero pueden acarrear poder constructivo o destructivo. Llevan el poder de Dios o el poder de Satanás. "La respuesta amable calma el enojo, pero la agresiva echa leña al fuego" (Proverbios 15:1) y "La lengua apacible es árbol de vida" (Proverbios 15:4, RV60). La respuesta amable trae paz en medio de la agitación. La lengua apacible tiene poder sanador.

Fíjese cómo el orgullo nos seguirá aun a nuestro lugar secreto de oración.

Santiago nos advierte sobre el poder con que la lengua puede causar dolor y división.

También la lengua es un fuego, un mundo de maldad. Siendo uno de nuestros órganos, contamina todo el cuerpo y, encendida por el infierno, prende a su vez fuego a todo el curso de la vida.

—Santiago 3:6

Las palabras equivocadas, o las palabras dichas en el momento inapropiado, ciertamente pueden iniciar un incendio, particularmente cuando son palabras de enjuiciamiento, crítica, chisme y habladurías. El enjuiciamiento dice: "Tú eres defectuoso, pero yo no".

Un ejemplo de la destrucción causada por la arrogancia y el juicio se encuentra en Lucas 18:10–14.

"Dos hombres subieron al templo a orar: uno era fariseo, y el otro publicano. El fariseo, puesto en pie, oraba consigo mismo de esta manera: Dios, te doy gracias porque no soy como los otros hombres, ladrones, injustos, adúlteros, ni aun como este publicano; ayuno dos veces a la semana, doy diezmos de todo lo que gano. Mas el publicano, estando lejos, no quería ni aun alzar los ojos al cielo, sino que se golpeaba el pecho, diciendo: Dios, sé propicio a mí, pecador.

"Os digo que éste descendió a su casa justificado antes que el otro; porque cualquiera que se enaltece, será humillado; y el que se humilla será enaltecido."

Fíjese cómo el orgullo nos seguirá aun a nuestro lugar secreto de oración. Nos decimos que estamos orando por las faltas de otros, pero en realidad podemos estar obrando con un espíritu crítico y enjuiciador, lo cual Jesús condena.

Pero antes de que nuestra soberbia nos haga levantar el dedo hacia el fariseo en esta parábola, permítame hacerle una pregunta. ¿No somos a veces culpables de lo mismo cuando se trata de discutir sobre la Biblia? Una persona piensa una cosa, y otra piensa algo diferente. Nos decimos los unos a los otros: "Su interpretación es incorrecta". Hacemos hincapié en nuestro punto de vista e intentamos convencer al otro. Pronto se dirán cosas que luego no pueden volverse atrás, y las relaciones se pueden perjudicar.

Hace algún tiempo, contratamos a tres empleados en el Ministerio Joyce Meyer, todos muy jóvenes y con necesidad de crecer en el Señor. Poco después de haber comenzado, recibí informes de que otros empleados de su departamento percibían conflictos y divisiones entre estos tres nuevos empleados como resultado de sus debates sobre varias porciones de la Biblia. Dave y yo hablamos con los tres empleados, y, felizmente, ellos recibieron nuestra corrección. La puerta al debate se cerró, y el conflicto cesó.

Las discusiones sentenciosas que surgen acerca de las Escrituras son resultado de orgullo espiritual. Ésta es la clase de orgullo que más desagrada al Señor.

Así que esté atento, porque a Satanás le encanta ver que un cristiano causa división.

Si queremos derrotar a Satanás y disfrutar
relaciones libres de conflictos, debemos cambiar
la soberbia por humildad, mantener nuestras
bocas cerradas y seguir la guía del Espíritu Santo.

Porque no tenemos lucha contra sangre y carne, sino contra principados, contra potestades, contra los gobernadores de las tinieblas de este siglo, contra huestes espirituales de maldad en las regiones celestes.

—Efesios 6:12

Si queremos derrotar a Satanás y disfrutar relaciones libres de conflictos, debemos cambiar la soberbia por humildad, mantener nuestras bocas cerradas y seguir la guía del Espíritu Santo.

Cambiar soberbia por humildad

Si no estamos dispuestos a humillarnos, no tendremos esperanza de lograr relaciones pacíficas. Mientras sigamos creyendo que lo sabemos todo, no sabremos nada. Cuando admitimos que todavía tenemos mucho que aprender y dejamos de emitir nuestra propia opinión, llegamos por fin al sitio en el que el conocimiento puede desarrollarse. El apóstol Pablo estableció:

> Pues me propuse no saber entre vosotros cosa alguna sino a Jesucristo, y a éste crucificado.
>
> —1 Corintios 2:2

Pablo no sólo era fariseo, sino que se llamaba a sí mismo "hijo de fariseo" (Hechos 23:6). Era uno de los líderes fariseos y había sido extremadamente bien educado. Aún así, él decía que preferiría olvidarse de todo lo que creía saber a cambio de "saber sino a Jesucristo, y a éste crucificado". A lo largo de los años, he aprendido que debo mantenerme clavada a la cruz con Jesús si quiero evitar la soberbia. Yo también debo conocer a Cristo, y a Él crucificado.

Muy a menudo, no entendemos las afirmaciones como ésta en la Palabra de Dios, de manera que las pasamos por alto y nos perdemos una lección muy importante. El libro a los Romanos dice que no reinaremos con Cristo si no sufrimos con Él. (Hablaremos más de lo que esto significa en el capítulo 15.)

"Y si hijos, también herederos; herederos de Dios y coherederos con Cristo, si es que padecemos juntamente con él, para que juntamente con él seamos glorificados."

—Romanos 8:17

Ahora, disfruto la gloria de una vida apacible, pero tuve que experimentar el sufrimiento de aprender a crucificar mi soberbia. Y también tuve que aprender a dejar de discutir.

Mantener cerrada nuestra boca

Las palabras inapropiadas son como alimentar el fuego. Cuanto más combustible echemos al fuego, más crecerá. La única manera de detener el incendio es quitar el combustible. La única manera de evitar o detener una discusión es dejar de hablar. Cuando alguien nos insulta o hiere nuestros sentimientos, solemos vernos tentados a responder con el orgullo herido. Pero sería más sabio ignorar el insulto y dejar que Dios trate con esa persona. Debemos dejar de querer probar que tenemos la razón y que todos los demás están equivocados.

Resulta irónico darse cuenta de que la mayoría de las discusiones surgen de preocupaciones insignificantes. El apóstol Pablo nos advierte sobre tales conversaciones es 2 Timoteo 2:23-24:

"Pero desecha las cuestiones necias e insensatas, sabiendo que engendran contiendas. Porque el siervo del Señor no debe ser contencioso, sino amable para con todos, apto para enseñar, sufrido."

Fíjese en la palabra *insensatas* en el versículo 23. Se refiere a cosas que no tienen mayor importancia y que no establecen una mayor diferencia en relación con cosas que sí son realmente importantes. Creo que lo que el versículo nos está diciendo en realidad es: "Aléjense de las conversaciones en las que nadie sabe de qué se está hablando, y en las que todos discuten por cualquier cosa". Con frecuencia, nuestra soberbia nos hace discutir por cosas que no marcan ninguna diferencia para nadie. Un corazón soberbio se niega a mantenerse en silencio porque el orgullo exige que diga lo que tengo para decir: yo siempre debo tener la última palabra.

Siempre he sido una experta en tratar de convencer a los demás de que tengo razón, pero a medida que el Espíritu Santo me ha dado convicción en esta área, he ido aprendiendo a cerrar mi boca cuando me encuentro en medio de un desacuerdo. Sé que debo dar un paso hacia atrás, permanecer callada, y confiar en que Dios tomará el control de esa situación. Créame, he evitado un montón de discusiones, al negarme a avivar el fuego de los conflictos con mis palabras. ¡Mis relaciones y mi vida son mucho más pacíficas cuando permito que sea el Espíritu Santo quien dé convicción!

He aprendido que aun cuando las palabras
equivocadas encienden la llama, las
expresiones correctas pueden apagarla.

Cuando alguien nos insulta o hiere nuestros sentimientos, el orgullo nos tienta a dar una respuesta desde nuestras emociones lastimadas. Pero elijo vivir en paz en vez de salirme siempre con la mía. ¿No haría usted lo mismo?

Seguir la guía del Espíritu Santo

Tanto Dave como yo hemos aprendido a escuchar al Espíritu Santo en esta área. Hay ocasiones en que no estamos de acuerdo. Mi esposo no es una persona difícil de tratar. De hecho, es muy adaptable y se acomoda a las distintas circunstancias. Pero hay ciertos temas sobre los cuales ambos tenemos una opinión muy definida, y nadie podrá convencernos de lo contrario, excepto Dios mismo.

A veces, Dios convence a Dave y otras veces a mí. Si yo insisto en el asunto, tratando de convencer a Dave, la armonía de nuestra relación se destruye y el conflicto se entromete en nuestras vidas. Si me humillo bajo la mano poderosa de Dios y espero en Él, he aprendido que Él, y sólo Él, puede convencer a mi esposo en ciertas situaciones.

Ahora, cuando Dave o yo nos vemos tentados a defender nuestro orgullo insistiendo en que tenemos la razón, Dios nos ha capacitado para decir: "Creo que tengo razón, pero puedo equivocarme". Es realmente sorprendente ver cuántas discusiones hemos evitado a lo largo de los años utilizando ese simple acto de humildad. He aprendido que cuando obedecemos la guía del Espíritu Santo, una relación puede ser armoniosa.

Desde ya, hay ocasiones en las que debemos hablar y confrontar a la gente, pero resulta vital que seamos sensibles al Espíritu Santo en cada situación. A veces, me entusiasmo demasiado y quiero decirle a alguien que no podrá maltratarme ni podrá volver a tomar ventaja de mí. Pero sin importar cuánto quiera confrontar a esa persona, el Espíritu Santo me dice persistentemente que lo deje.

Otras veces, no quiero hablar con una persona sobre cierto tema, pero Dios me hace saber que sí debo hacerlo. Cuando es así, elijo mis palabras con sumo cuidado, de manera que pueda hablar con sabiduría y no desde mis emociones. Soy prudentemente consciente del impacto que pueden tener los tonos de voz y el lenguaje corporal. He aprendido que aun cuando las palabras equivocadas encienden la llama, las expresiones correctas pueden apagarla.

"El charlatán hiere con la lengua como con una espada,
pero la lengua del sabio brinda alivio."

—Proverbios 12:18

"El necio muestra en seguida su enojo, pero el prudente
pasa por alto el insulto."

—Proverbios 12:16

Nuestro modelo

Si queremos disfrutar de relacionas armoniosas y sin problemas,
sigamos el ejemplo de Jesús. Con frecuencia, se le acusó de hacer el
mal, pero jamás intentó defenderse. Dejó que la gente pensara que
estaba equivocado, y no se inquietó en lo más mínimo.

Él podía hacer eso porque sabía quién era. No tenía ningún
problema con su autoestima. No estaba tratando de probar nada.
Él confiaba en que su Padre celestial lo reivindicaría y nosotros
podemos hacer lo mismo.

Entréguele a Dios su derecho a tener razón, y observe cómo
mejoran sus relaciones. Descubrirá cuán gran poder espiritual se
desata en la unidad y la armonía.

CAPÍTULO 2

Resumen y reflexión

Muchos de nuestros problemas de relaciones se deben al orgullo. La soberbia nos hace pelear para tener razón; llena nuestra mente con autoengaños. Nos lleva a justificar toda clase de actitudes y comportamientos erróneos, plenamente convencidos de que tenemos razón. La Biblia dice: "Pero si ustedes tienen envidias amargas y rivalidades en el corazón, dejen de presumir y de faltar a la verdad" (Santiago 3:14).

1. Busque en su corazón y medite con toda sinceridad sobre el momento en que se mezcló en el conflicto. ¿Justifica sus acciones? Describa la situación.

_____

_____

2. El orgullo y el engaño van juntos. Pídale al Espíritu Santo que lo ayude, recuerde otro momento de su vida en el que su orgullo lo haya convencido de que usted tenía razón, sin embargo, se engañaba. Describa ese momento.

_____

_____

3. La Biblia dice que la lengua es un fuego (Santiago 3:6). Describa una situación en la que su orgullo le haya hecho decir algo que ocasionó conflictos con otra persona. ¿De qué manera sus palabras pudieron inflamar la situación?

_____

_____

4. Ahora, imagine cómo podría haber resultado esa situación si usted hubiera cambiado su orgullo por humildad. ¿Qué pudo haber dicho, que podría haber sofocado el fuego de la discordia?

_____

_____

5. Describa una oportunidad en que el Espíritu Santo lo estaba guiando a decir algo que podría haber prevenido o terminado el conflicto con otra persona. ¿Obedeció usted su guía o no? ¿Qué ocurrió como resultado?

_____

_____

6. Se necesita cierto monto de sufrimiento para que aceptemos tragarnos nuestro orgullo. Describa una situación en la que se tragó su orgullo y resistió al conflicto.

_____

_____

Señor, te entrego mi necesidad de defenderme, de explicarme, de tener autoridad y de tener siempre la razón. Reconozco que tú eres el único que siempre tiene razón. Y aunque sienta que tengo razón en alguna situación, eso no justifica que contienda. Te someto completamente mi vida, y elijo que tú y sólo tú seas mi defensor.

Dios, no veo tu poder ni tu bendición en mi vida

¿Usted se pregunta por qué será que no prospera, a pesar de que da a dios y le sirve? ¿Está volcando su vida y su tiempo en su iglesia o ministerio, pero no logra ver crecimiento en números ni poder espiritual? Si respondió que "sí" a cualquiera de estas preguntas, puede deberse a la presencia de conflicto y contienda en su vida, ya sea en su hogar, trabajo o ministerio.

En los primeros años de nuestro ministerio, Dave y yo hicimos un montón de cosas religiosas y espirituales, pero nos faltaba paz en nuestro hogar. Todo estaba bien en un momento, y, de repente, todos se volvían locos: gritaban y chillaban. O si no, experimentábamos el otro extremo, con todos mortalmente callados, tan fríos y callados que era obvio que sus sentimientos estaban heridos y que se estaban llenando de pensamientos erróneos.

Puedo recordar a nuestra familia discutiendo todo el camino a la iglesia los domingos por la mañana, pero haciendo como que todo estaba bien apenas veíamos a algún conocido. Fingía todo el tiempo durante el servicio, ponía mi "cara de iglesia" y aplaudía en los momentos correctos. Decía: "¡Amén!", en los momentos precisos, y fingía prestar atención al pastor cuando predicaba. Pero mientras tanto, estaba planeando cómo ignoraría luego a Dave o los niños hasta que me pidieran perdón. Por supuesto que no tenía ninguna intención de regresar a casa y prepararles una rica cena. Ni siquiera pensaba hablar con ellos.

Dave y yo hablábamos mucho sobre el poder, la prosperidad, la sanidad y el éxito en aquellos días, pero no los teníamos. Era como si estuviéramos mirando vidrieras. Veíamos que lo que Dios decía nos correspondía por derecho, pero no sabíamos cómo tomar esas bendiciones en nuestras manos.

Incluso tratamos de orar poniéndonos de acuerdo, porque Mateo 18:19 dice:

"Además les digo que si dos de ustedes en la tierra se ponen de acuerdo sobre cualquier cosa que pidan, les será concedida por mi Padre que está en el cielo".

Sin embargo, después de pronunciar esta oración no logramos ver los resultados poderosos que se nos enseñó que podríamos disfrutar. Entonces, Dios nos reveló que no estaba satisfecho ni contento con los sacrificios religiosos hechos en un hogar lleno de conflictos. "Más vale comer pan duro donde hay concordia que hacer banquete donde hay discordia" (Proverbios 17:1). Él no busca cristianos falsificados. ¡Él busca lo verdadero! Personas que hacen lo que dicen y dicen lo que hacen.

Dios responde a la oración de común acuerdo cuando la hacen personas que están de acuerdo. Si Dave y yo hemos estado peleando toda la semana, no tendremos poder alguno al juntar las manos, inclinar nuestros rostros y unirnos para pedir la intervención de Dios. La oración de común acuerdo es eficaz sólo cuando la hacen quienes en verdad "se ponen de acuerdo" (v. 19).

Dios nos dijo: "Mantengan el conflicto lejos de sus vidas, de su hogar y de su ministerio. Anden en integridad, y hagan lo que deban hacer con excelencia".

Una vez que Dios expuso el conflicto de nuestras vidas, comencé a ver un patrón. Nuestra familia no sólo tendía a envolverse en discusiones los domingos a la mañana mientras íbamos a la iglesia, sino que también me di cuenta de que Dave y yo a menudo nos trenzábamos en un conflicto justamente antes de algún seminario en el cual debíamos ministrar. Se me hizo evidente que Satanás nos estaba impulsando al desacuerdo para evitar que escucháramos la Palabra de Dios y avanzáramos espiritualmente. Estaba usando el conflicto para bloquear la unción en mi vida y ministerio.

El conflicto bloquea el poder de Dios

La Biblia nos enseña que la semilla de la Palabra de Dios debe ser sembrada en un corazón que tenga paz, por alguien que trabaje para la paz y la haga.

> "El fruto de la justicia se siembra en paz para los que hacen la paz."
>
> —Santiago 3:18

Como ministro, esto significa que debo permanecer yo misma en paz y ser una conciliadora si pretendo que fluya de mí una fuerte unción para ayudar a otras personas.

Dios responde a la oración de común acuerdo
cuando la hacen personas que están de acuerdo.

Al viajar y ministrar en varias iglesias, he encontrado interesante observar cuán a menudo los pastores llegan a la iglesia en autos separados del resto de sus familias. Al principio, pensé que esto era algo inusual, pero algunos compartieron una doble razón para hacerlo. Primero, muchos pastores quieren llegar temprano a la iglesia para orar y meditar en su sermón. Y segundo, quieren estar en paz al llegar allí, y han descubierto que es más fácil estar en paz si llegan solos.

La Biblia también nos enseña que el enemigo viene inmediatamente después que la semilla ha sido sembrada, esperando robar la Palabra: "El sembrador siembra la palabra. Algunos son como lo sembrado junto al camino, donde se siembra la palabra. Tan pronto como la oyen, viene Satanás y les quita la palabra sembrada en ellos" (Marcos 4:14–15).

Satanás está decidido a robar la Palabra antes de que se arraigue en nosotros. Él sabe que si hace raíz en nuestro corazón, comenzará a producir buen fruto. Debemos obrar desde nuestro interior con la sabiduría de Dios y ser más sabios que el enemigo. No podemos estar quietos y permitir que antes de llegar a la iglesia, el diablo nos haga enojar tanto que no podamos oír ni retener nada de lo que se diga.

Ni tampoco podemos permitir que nos altere al salir. Para poder crecer espiritualmente, debemos ser capaces de pensar en la Palabra que nos ha sido predicada y enseñada. Jesus dijo: "Les dijo también: Mirad lo que oís; porque con la medida con que medís, os será medido y aun se os añadirá a vosotros los que oís" (Marcos 4:24, RV60).

Por muy ungido que sea un predicador, esa unción no surtirá ningún efecto en usted si está en conflicto cuando escucha la Palabra de Dios.

El conflicto no sólo obstaculiza el poder espiritual, sino que también bloquea las bendiciones de Dios.

El conflicto bloquea la bendición de Dios

Muchos creyentes buscan prosperidad. Asisten a seminarios sobre la prosperidad y leen libros sobre el éxito y la prosperidad. Eso es bueno, porque debemos ser instruidos e informados, pero la Biblia explica bien por qué la prosperidad elude a ciertas personas. Por cierto que eludió a nuestra familia durante mucho tiempo. Teníamos todo el conocimiento intelectual necesario, dábamos, confesábamos y creíamos, pero también vivíamos en conflicto y no teníamos ni idea de que eso estaba obstaculizando nuestra bendición. El conflicto mata la bendición y el poder de Dios. Lo he visto una y otra vez.

Una vez escuché la historia de una pareja cristiana que perdió todo lo que poseía en un incendio. Todos sus conocidos estaban confundidos por esta pérdida, porque aparentemente, la pareja parecía estar viviendo la perfecta vida cristiana. Lo estaban haciendo todo bien.

Ambos se acababan de graduar de un instituto bíblico, y se preparaban para dedicarse de lleno al ministerio. Tenían un adhesivo en el parachoques, un grabador, cintas con sermones grabados, y usaban prendedores que decían "Jesús". Conocían la Palabra y decían todas las cosas correctas. Así que su tragedia dejó preguntas en la mente de sus amigos y conocidos. ¿Cómo podría sucederles esto a personas que estaban caminando en fe?

Puede ser que usted conozca casos similares. Tenga en cuenta que nosotros no podemos saber qué es lo que ocurre a puertas cerradas. Permanece oculto. Más tarde, esta pareja admitió que Dios había estado tratando con ellos sobre su relación matrimonial, el conflicto y la disensión en su hogar, pero ellos no se habían humillado ni habían obedecido.

Otra vez, una casa llena de sacrificios, pero con conflictos, no agrada al Señor. Esta joven pareja puede haberse estado sacrificando para asistir al instituto bíblico, pero ninguna de las ofrendas de su carne compensaba la puerta que le habían abierto al diablo a través de su conflicto y desobediencia. Esta pareja sabía qué era lo que debía hacer. Sabían que Dios les estaba diciendo que resistieran el conflicto y que vivieran en armonía el uno con el otro. El

Señor había estado tratando con ellos, pero no habían hecho caso a sus advertencias. Por consiguiente, el diablo sacó ventaja de esa puerta abierta y trajo destrucción.

Conozco a otra pareja que diezmaba y asistía a la iglesia regularmente, pero tenía continuamente problemas con enfermedades, pobreza, artefactos que se les rompían, y reparaciones de auto. No tenían victoria. Tras años de luchas y problemas, finalmente admitieron en una sesión de consejería que había tanto conflicto y hostilidad entre ellos, que desde hacía años no dormían juntos como marido y mujer.

El conflicto y las disensiones bloquean las bendiciones de Dios. Pero donde haya unidad, allí Dios enviará sus bendiciones.

En pocas palabras

En la Palabra de Dios, tenemos muchas promesas que nos dicen que Él nos va a bendecir y prosperar. Por ejemplo: "¡Cuán bueno y cuán agradable es que los hermanos convivan en armonía! Es como el buen aceite que, desde la cabeza, va descendiendo por la barba, por la barba de Aarón, hasta el borde de sus vestiduras. Es como el rocío de Hermón que va descendiendo sobre los montes de Sión. Donde se da esta armonía, el Señor concede bendición y vida eterna" (Salmos 133).

Me encanta este salmo. Confirma lo que estoy tratando de enseñar. La vida se disfruta cuando la gente vive en unidad y mantiene el conflicto fuera de su vida. Por otro lado, no hay nada peor que una casa o una relación llena de ira subyacente.

Si usted se pregunta por qué no está
experimentado más del poder y la bendición
de Dios en su vida, fíjese en sus relaciones.

Quizás por eso la unidad es una de las últimas cosas sobre las que habló Jesús a sus discípulos antes de ser arrestado y crucificado. Durante la Última Cena, Él oró: "Para que todos sean uno. Padre, así como tú estás en mí y yo en ti, permite que ellos también estén en nosotros, para que el mundo crea que tú me has enviado" (Juan 17:21).

Usted puede llegar a aprender mucho sobre cómo dar su testimonio o predicar un sermón asistiendo a un instituto bíblico. Puede ser capaz de dar el mensaje de salvación al memorizar versículos de la Biblia o escuchar enseñanzas grabadas mientras conduce su auto. Podría ser capaz de difundir conciencia sobre nuestro Salvador usando prendedores que lean "Jesús" en su ropa. Sin embargo, si hace todo esto, pero vive en conflicto más que en unidad, su vida carecerá de bendición y poder espiritual.

Frecuentemente, muchos viven confundidos, preguntándose por qué las promesas de Dios no operan en su vida. Las promesas de Dios no pueden simplemente ser "reclamadas". Deben ser heredadas cuando entramos en una relación de "hijos" con nuestro Padre. Los "hijos de Dios" son aquellos que "son guiados por el Espíritu de Dios" (Romanos 8:14–15).

Si usted se pregunta por qué no está experimentado más del poder y la bendición de Dios en su vida, fíjese en sus relaciones. ¿Tiene problemas con su cónyuge, sus hijos, sus compañeros de trabajo o con otros creyentes? ¿Participa del conflicto en la iglesia o en el trabajo?

Aunque resulte tentador salirnos del aprieto negándonos a ver el "por qué" detrás del "qué" cuando nuestra vida carece de las cosas que Dios nos ha prometido, debemos estar dispuestos a hacerlo si queremos lograr la vida que Dios nos ofrece.

Las pruebas llegan por diferentes razones. La desobediencia es una de ellas. Usted puede tener problemas que no tengan nada que ver con la desobediencia ni el conflicto. Simplemente el diablo puede estar atacándolo, tratando de destruir su fe. Si lo resiste en forma constante, obtendrá la victoria. Por otro lado, es posible que las relaciones conflictivas sean la raíz de su problema.

Quizás no pueda andar en paz con cada persona que conoce. Si es así, no tema que Dios no pueda bendecirlo. La Palabra dice: "Si es posible, y en cuanto dependa de ustedes, vivan en paz con todos" (Romanos 12:18). Cuando enfrenta la verdad, aprende a oponerse al conflicto y a vivir en armonía con los demás, Dios lo liberará para vivir la vida para la que fue destinado. Si es un conciliador, la bendición y el poder de Dios fluirán hacia usted.

CAPÍTULO 3

Resumen y reflexión

Mucha gente está buscando la prosperidad y el poder de Dios en su vida. La Palabra de Dios nos dice qué es lo que se requiere para lograr esas cosas: "Fiel es Dios, quien los ha llamado a tener comunión con su Hijo Jesucristo, nuestro Señor. Les suplico, hermanos, en el nombre de nuestro Señor Jesucristo, que todos vivan en armonía y que no haya divisiones entre ustedes, sino que se mantengan unidos en un mismo pensar y en un mismo propósito. Digo esto, hermanos míos, porque algunos de la familia de Cloé me han informado que hay rivalidades entre ustedes" (1 Corintios 1:9–11).

1. ¿Ve el poder y la bendición de Dios en su vida? De ser así, ¿de qué maneras lo ve? De no ser así, fíjese en sus relaciones. ¿Qué logra ver que pueda estar obstaculizando el fluir de la bendición de Dios en su vida?

   _____

   _____

   _____

2. Describa lo que pasa en su hogar los domingos por la mañana y cuando vuelve de la iglesia. ¿Observa un patrón de conducta? ¿El enemigo está intentando robar la Palabra de Dios antes de que pueda ser plantada en su corazón? ¿Tiene peleas y discusiones frecuentes?

   _____

   _____

   _____

3. ¿Qué estrategias puede emplear en el futuro para quebrar ese patrón y establecer relaciones más armoniosas?

_____

_____

_____

_____

4. Dios exige obediencia a su poderosa Palabra. A la luz de nuestra discusión sobre el conflicto y la disensión, reescriba el siguiente versículo en sus propias palabras. Jesús oró: "Para que todos sean uno; como tú, oh Padre, en mí, y yo en ti, que también ellos sean uno en nosotros; para que el mundo crea que tú me enviaste" (JUAN 17:21).

_____

_____

_____

_____

5. Recuerde una oportunidad en que usted haya experimentado personalmente la clase de unidad de la que habla 1 Corintios 1:9-11. ¿Cómo experimentó el poder o la bendición de Dios en esa situación?

_____

_____

_____

_____

8. Podemos tener problemas que nada tienen que ver con el conflicto. Por otro lado, tal vez carguemos con problemas que han entrado a nuestra vida por la puerta de la contienda. ¿Qué situaciones o problemas desafiantes de su vida han sido causados por la contienda?

_____

_____

_____

_____

Señor, muéstrame cómo identificar las situaciones que pueden originar posibles conflictos. Ayúdame a reconocer los patrones de conducta conflictivos en mis relaciones, particularmente aquellos que puedan obstaculizar mi crecimiento espiritual y detener el poder y la bendición de Dios en mi vida. Ayúdame a escoger la sabiduría divina de la armonía, la unidad y la paz. Muéstrame cómo puedo restaurar la paz en mis relaciones que han sufrido descenlaces o han sido perjudicadas por las ofensas y los malentendidos. Hago un nuevo compromiso de convertirme en un pacificador, siempre que sea posible, con tu ayuda. Amén.

Debo no agradarle al pastor

Hace años, cuando dave y yo nos convertimos al cristianismo, asistíamos a una iglesia carismática que funcionaba desde hacía sólo pocos meses. La congregación estaba creciendo rápidamente, y la asistencia ya llegaba a unas cuatrocientas personas. Los dones del Espíritu eran evidentes, y la unción y renovada revelación de Dios fluían hacia la gente. Todo parecía estar bien. Pero hoy esa iglesia ya no existe. ¿Qué pasó?

¡Entró el conflicto! El diablo es un supremo estratega, y trabaja duro para hacer que los creyentes se enojen los unos con los otros, porque sabe que el Espíritu Santo sólo operará en una atmósfera de paz. Si el diablo puede suscitar problemas en la iglesia, paraliza eficazmente la obra de Dios en ese lugar, y ésa es su meta. Así que se traza un plan y no le molesta trabajar detrás de bambalinas por largos periodos. Miente a la gente, enfrentando los unos con los otros. Sabe exactamente qué botones oprimir, en el momento preciso, para que se enojen los unos con los otros y se dividan.

Satanás quiere destruir a la Iglesia. Daremos una mirada a dos de sus estrategias predilectas para que usted pueda aprender a reconocer estas señales mentirosas que Satanás puede usar con usted mismo o con otros, para fomentar conflictos en su iglesia o ministerio.

Estrategia Número 1:
Hacer que personas inseguras conviertan ofensas menores en ofensas mayores.

El enemigo suele utilizar gente con heridas y cicatrices emocionales para fomentar el conflicto. Estas personas hacen y dicen exactamente lo que "sienten". No tienen autocontrol, ni le piden a Dios que los ayude a sanar sus heridas, como hacen las personas más seguras y los cristianos más maduros. En cambio, permiten que Satanás magnifique los incidentes en sus mentes y los haga parecer mucho grandes de lo que son en realidad. El diablo quiere hacer creer a los cristianos que otras personas conspiran contra ellos y que intentan herirlos a propósito.

El diablo es un supremo estratega, y trabaja duro para hacer que los creyentes se enojen los unos con los otros, porque sabe que el Espíritu Santo sólo operará en una atmósfera de paz.

He aquí un ejemplo de cómo funciona esta estrategia. Digamos que una mujer está en un centro comercial lleno de gente, cuando ve a su pastor. Él se detiene para decirle: "Hola", y luego le dice que lo disculpe, pero que no tiene tiempo para conversar. Ella se siente dolida porque él no la saludó más calurosamente y finalizó su conversación demasiado rápido. A medida que se detiene demasiado en su dolor, piensa: *No le agrado. En realidad, fue totalmente grosero. Es emocionalmente demasiado frío para poder pastorear al pueblo de Dios.* Comienza a sentir que el pastor estaba tratando de deshacerse de ella. Comienza a "recordar" otras ocasiones en que sintió que el pastor no fue demasiado amigable con ella, al menos no tan amigable como lo es con otras personas.

El diablo bombardea la mente de la mujer durante varios días sobre esta situación, y su enojo con el pastor va creciendo. Su familia y amigos se dan cuenta de que ocurre algo malo, así que le preguntan. Aunque el Espíritu Santo trata de decirle que mantenga su boca cerrada, ella les cuenta el incidente. Recuerde, ellos sólo escuchan la versión de los hechos de ella, que para ese momento ya es muy diferente de lo que en verdad sucedió.

Sus opiniones afectan las opiniones de ellos, que chismorrean sobre lo ocurrido y comienzan a preguntar a los demás miembros de la congregación si creen que su pastor es poco amigable. Entonces, estas personas empiezan a observar al pastor y sus actitudes hacia ellas (así como los fariseos observaban continuamente a Jesús, con la intención de encontrarlo en algún comportamiento errado).

El pastor percibe que algo anda mal. Siente "presión" en la atmósfera de los servicios de la iglesia, pero no puede decir concretamente cuál es la causa, porque sus acciones fueron totalmente inocentes. Tal vez no se sentía muy bien el día en que vio a la mujer en el centro comercial. Puede haber estado extremadamente cansado o preocupado con presiones financieras, a causa del programa de edificación de la iglesia. Pudo haber estado retrasado para llegar a una reunión y tal vez sólo tenía tiempo para un saludo. Desgraciadamente, el pastor no tiene ni idea de que ofendió a la mujer ni de que ella estuvo desparramando el conflicto por toda la iglesia.

Si usted cree que este ejemplo es muy exagerado, se equivoca. Estos incidentes ocurren todo el tiempo en el reino. Probablemente, el espíritu de ofensa hace mucho más daño que cualquier otro espíritu. Es el enemigo número uno del creyente. Abre la puerta a multitud de problemas profundos y peligrosos con los que muy pocos saben tratar.

La Biblia establece claramente que debemos perdonar a quienes nos ofenden rápida, frecuente y libremente. (Hablaremos más de esto en el capítulo 8.) Las personas inseguras, como esta mujer de la escena anterior, cargan una raíz de rechazo. Necesitan mucha seguridad externa de que son aceptadas. Carecen de sentimientos de estima y valor propios, y ansían fuentes externas que les reafirmen seguridad. Necesitan que otros les aseguren, mediante acciones y palabras, que son aceptadas. Desde ya, estos cristianos no tienen ninguna intención de causar problemas cuando se ofenden, sólo quieren sentirse mejor consigo mismos.

He conocido muchos cristianos como estos en mis años de ministerio, gente que se ofendía porque no les prestaba suficiente atención. Recuerdo una mujer que se mostró muy ofendida por mí y sentía que no me agradaba en absoluto. Cuando llegó a mis oídos la historia, quedé asombradísima. Me agradaba la persona, y hasta donde yo supiera, siempre que la veía era amigable con ella. Sin embargo, ella estaba diciendo que yo no le prestaba la misma atención que a las demás personas. Decía que yo pasaba de largo cuando la veía y que ni le hablaba. Mencionaron una ocasión en particular en que supuestamente le había dado vuelta la cara, y la verdad es que ni siquiera la había visto. ¡No la había visto!

Si puede identificarse con cualquiera de estas mujeres —si hay personas específicas a quienes usted siente que no les agrada o que lo evitan— usted debe aprender a confiar en Dios para que sane sus heridas emocionales. Él es el único que lo puede ayudar a sentirse mejor consigo mismo. Su confianza debe venir de Él.

Cuando le pregunté al Señor por qué no se aseguró de que yo viera a la mujer que se ofendió tanto porque no le hablé, Él me reveló que la había "escondido" de mí. Me dijo: "Ella cree que lo que más necesita en el mundo es que tú le prestes atención. Pero no es eso lo que necesita. Ella necesita depositar su confianza en mí. Cuando logre eso en su vida, entonces le voy a permitir que obtenga más atención de la gente en su entorno y la gente que admira".

Probablemente, el espíritu de ofensa hace mucho más daño que cualquier otro espíritu.

Dios quiere obrar en nuestra vida. Para lograrlo, Él debe abrir algunas viejas heridas, para limpiarlas. Mientras nuestras inseguridades sean satisfechas por los demás, nunca nos sanaremos. Cada "remiendo" sólo prolonga nuestro problema. Es como cubrir una herida grave con una tirita. Dios quiere sanarnos, pero nosotros seguimos vendando nuestros problemas.

La inseguridad es un veneno que afecta todas las áreas de la vida de una persona. La sanidad puede ser un poco dolorosa, pero es mejor que seguir emocionalmente discapacitado toda la vida. Debemos aprender a confiar en la atención de Dios. Él sabe qué necesitamos.

¿Cuál es, entonces, la respuesta cristiana cuando alguien no nos presta la atención que creemos que deberíamos recibir? Pablo tiene esto para decir a la iglesia de Galacia con respecto a los conflictos en la iglesia: "En efecto, toda la ley se resume en un solo mandamiento: 'Ama a tu prójimo como a ti mismo'. Pero si siguen mordiéndose y devorándose, tengan cuidado, no sea que acaben por destruirse unos a otros" (Gálatas 5:14–15).

Ama a tu prójimo como a ti mismo... No hagas a otros lo que no te gustaría que te hicieran a ti. ¿Le gustaría que alguien lo juzgara severamente, sin misericordia, que dijera chismes sobre usted y que propagara conflictos en su iglesia u organización? ¡Por supuesto que no! A mí tampoco me gustaría.

Cuando alguien lo ofenda, resista el conflicto respondiendo con misericordia y entendimiento. Otorgue a esa persona el beneficio de la duda. Recuerde que el amor siempre espera lo mejor (vea 1 Corintios 13:7).

La Palabra de Dios es clara. Sea cuidadoso con respecto a los conflictos. Si los dejamos permanecer, se diseminarán. Y si se extienden, usted y toda la iglesia serán arruinados por ellos.

La segunda estrategia que al enemigo le encanta usar es la siguiente:

Estrategia Número 2:
Destruir ministerios jóvenes antes de que puedan destruirlo a él.

Conozco personas que hoy no están en el ministerio porque cayeron en la trampa del enemigo. No sólo dejaron entrar el conflicto: ellos lo invitaron. Permítame contarle dos ejemplos diferentes de esto que observé de primera mano.

El primero ocurrió hace varios años, cuando comencé a sentir una sensación de "muerte" en nuestras reuniones semanales. La atmósfera se sentía pesada. Entonces noté que cada vez que me acercaba a grupos de personas que estaban conversando, se hacía un repentino silencio. Tenía el extraño sentimiento de que estaba molestando. Personas que habían sido mis amigas durante años, de repente, se sentían incómodas cerca de mí. Traté de sacudirme esa sensación, porque creía que aquellas personas eran mis mejores amigos.

Unos muros invisibles seguían levantándose por todos lados. Un día, algunas de las personas con quienes almorzaba normalmente ya no quisieron seguir yendo a comer conmigo. También me di cuenta de que cuando hablaba con ellas sobre algo que quería hacer en el ministerio o sobre algo que creía que Dios me estaba diciendo, sólo recibía a cambio silencio, un profundo silencio y una sensación incómoda, en lugar del aliento al que había estado acostumbrada. Era como si todos supieran algo que yo no conocía, y nadie quisiera contármelo.

Cuando todo salió a luz, como siempre ocurre, las relaciones se arruinaron y las personas vieron resentida su relación personal con Dios. Creo que es muy posible que ministerios maravillosos se hayan desviado por la intervención del enemigo, mediante el uso eficaz del conflicto.

¿Qué causó semejante devastación? Una mujer que había estado practicando la brujería por muchos años, se involucró con nuestra iglesia. Ella decía que por fin se había dado cuenta de que estaba perdida, que había nacido de nuevo, que había sido llena del Espíritu Santo, y que deseaba ordenar su vida. Todos estaban muy felices por ella. A todos nos gusta ver que las personas que estaban cautivas sean libres.

Esta mujer se involucró rápidamente en varias áreas ministeriales. Comenzó a asistir al instituto bíblico donde yo enseñaba tres veces por semana. Iba a las reuniones semanales en nuestro hogar. Se unió a un ministerio de alcance a personas con discapacidad mental y asistía regularmente a todas las reuniones matutinas de oración en la iglesia.

Todo en ella se veía bien, pero algo andaba mal. Cuando digo que algo "andaba" mal, me refiero a una percepción espiritual, no a una emocional. Yo percibía en mi espíritu una señal con respecto a aquella mujer. No me sentía cómoda cerca de ella. Quería irme cada vez que se me acercaba.

Un día, en la reunión de oración de las 6:00 de la mañana, me crucé con ella y casi me estremecí. Sentí en mi espíritu que había estado orando por mí, y yo no quería que lo hiciera. Más tarde, descubrí que oraba, pero al reino de las tinieblas, soltando maldiciones, conflictos y otras formas de maldad sobre mi ministerio. Con el tiempo, la confusión envolvió a toda la congregación. Las acusaciones contra los líderes venían de todos lados. Había muchos chismes y mentiras. Se hacía difícil saber en quién confiar. Unas personas que habían asistido a la iglesia por años, se fueron. Muchos de ellos ejercían posiciones de liderazgo.

Encontré interesante que una vez que la iglesia hubo caído en el caos espiritual, la supuesta ex bruja desapareció. Satanás la había usado para diseminar sus mentiras. Él había librado una batalla contra los pensamientos de las personas. Había tentado a algunos a juzgar y criticar, y ellos habían caído en la trampa. Estaban chismeando entre bambalinas. El conflicto se desparramaba. Por debajo de la superficie, fluía el enojo, y muchos eran arrastrados por la corriente.

Llevó muchos meses reparar las brechas en las relaciones, pero con el tiempo las cosas volvieron a la normalidad. Hoy, la iglesia está floreciendo, y Dios está bendiciendo poderosamente nuestro ministerio. No sólo sobrevivimos a los ataques, sino que nos hicimos más fuerte por medio de ellos. Aprendimos una lección que nos permitió alejarnos muchas veces de las trampas de Satanás. Sin embargo, algunas de las personas involucradas se estancaron y no pudieron seguir adelante.

El otro ejemplo de cómo el diablo trata de destruir los ministerios jóvenes tiene que ver con la iglesia que mencioné al comienzo de este capítulo. En este caso, el conflicto entró a la iglesia a través del pastor y su esposa. Ellos eran muy sensibles, y se ofendieron cuando algunos miembros de la congregación sintieron que Dios los llamaba a dejar esa congregación e ir a otro lado. Cuando el pastor o su esposa se encontraban con alguna persona que había dejado su congregación, no eran muy amigables con ella.

La paz y la unidad deben ser una
meta primordial de la iglesia.

Esta pareja escondía falta de perdón en su corazón. Querían controlar al rebaño, no liderarlo. Si querían que alguien se involucrara con cierto programa de la iglesia, pero esa persona no aceptaba, la menospreciaban. Ellos me disciplinaron y aislaron varias veces, una fue por enseñar la Palabra. Dave y yo habíamos conducido reuniones en nuestro hogar durante dos años antes de llegar a esta iglesia, y sentíamos que debíamos seguir haciéndolo tras unirnos a esta nueva congregación. Sin embargo, el pastor pensó que en la reunión hogareña debía enseñar Dave y no yo. Como queríamos ser obedientes a la voluntad de Dios, Dave trató de enseñar y yo traté de estar callada. Pero no resultó, y yo volví a enseñar. Yo tengo el llamado a la enseñanza, no Dave. Sin importar lo que la gente diga o piense, debemos hacer lo que Dios quiere que hagamos.

En otra ocasión, Dios puso en mi corazón comprar diez mil tratados y organizar un grupo de mujeres para que los repartieran en el centro comercial una vez por semana. Esas mujeres eran mis amigas, y yo iba a pagar personalmente los tratados. Mi objetivo era distribuir todo en seis semanas. Pensé que podíamos distribuirlos dentro del centro comercial y poner otros en los parabrisas de los autos en el estacionamiento, hasta que los diez mil tratados se agotaran. ¡Nunca se me ocurrió que pudiera necesitar el permiso del pastor para hacer esto! Como no lo pedí, él me reprendió y dijo que arruinaría mi matrimonio si no me sujetaba a mi esposo. Pero Dave no tenía ningún problema conmigo: era el pastor quien tenía el problema.

En otra ocasión, el pastor me disciplinó por echar fuera demonios. Finalmente, nuestro nombre fue quitado de los boletines de la iglesia en los que figurábamos como hogar aprobado para reuniones semanales. Además de Dave y yo, otras personas de la iglesia también recibieron un trato similar. Este pastor creía que estaba haciendo lo correcto, pero en realidad estaba invitando a que el conflicto entrara a la iglesia a través de su orgullo e inseguridad.

Dave y yo queríamos dejar la iglesia e irnos a otro lado, pero Dios nos seguía diciendo que no nos fuéramos con enojo o falta de perdón en nuestro corazón. Éramos cristianos jóvenes en aquel tiempo, pero entendíamos lo suficiente como para no guardar sentimientos negativos contra el pastor u otros líderes de la iglesia. Semana tras semana, esperamos que Dios nos liberara. Semana tras semana, veíamos cómo la asistencia disminuía.

Un día, tuve una visión durante mi tiempo de oración: estaba asistiendo a un funeral. No entendí todo en la visión, pero me di cuenta de que el funeral era para la congregación. Estaba muriendo. Quedaban allí alrededor de cien personas cuando finalmente Dios nos liberó a Dave y a mí para que fuéramos a otro lugar. Ese número se fue reduciendo gradualmente hasta que no quedó nadie, y la iglesia tuvo que cerrar sus puertas. (El ministerio del pastor fue posteriormente redimido, y luego él fue utilizado por Dios en otros ministerios.)

Cuando miro hacia atrás y medito en aquella situación y en algunos de los miembros de esa congregación, me sorprende ver cuántos de ellos tienen ministerios nacionales muy conocidos hoy en día. Muchos de esos ministerios no habían nacido aún, excepto en el corazón de Dios. Otros estaban en la etapa inicial. Creo que el enemigo quería destruir esos ministerios antes de que pudieran destruirlo a él.

Satanás quiere atacar y devorar al joven. Él ataca a los bebés y a los niños pequeños del Reino porque no saben cómo defenderse.

Estoy tan agradecida a Dios porque siempre puso a alguien a orar por mí. Quizás nunca llegue a saber quiénes eran, pero sé que las oraciones de algunos fueron utilizadas para salvarme de los estragos que causa el conflicto en más de una ocasión.

Hacer de la paz su objetivo

La paz y la unidad deben ser una meta primordial de la iglesia. Incluso, debemos ayudarnos y cuidar los unos de los otros. Si vemos una hermana o hermano en el Señor que se enoja o se altera, debemos ayudarlo en lo posible a restaurar su paz. Este debe ser uno de los significados de la instrucción bíblica de ser "pacificadores".

Nunca olvide que el conflicto destruye. Y es que destruye las relaciones a todo nivel y en cada parte de nuestras vidas. Si puede aprender a reconocer y tratar el conflicto, podrá detener gran parte de la destrucción que éste pretende causar. En el siguiente capítulo, veremos otra forma de destrucción que causa el conflicto: la de nuestra salud física.

CAPÍTULO 4

Resumen y reflexión

Es importante tener comunión con otros creyentes en Cristo que estén libres de conflictos. La Biblia dice: "Busquen la paz con todos, y la santidad, sin la cual nadie verá al Señor. Asegúrense de que nadie deje de alcanzar la gracia de Dios; de que ninguna raíz amarga brote y cause dificultades y corrompa a muchos" (Hebreos 12:14–15).

1. La Biblia dice: "Su enemigo el diablo ronda como león rugiente, buscando a quién devorar" (1 Pedro 5:8). De acuerdo con este capítulo, ¿cuáles son dos de las estrategias favoritas de Satanás para destruir a la iglesia?

   _____

   _____

   _____

   _____

   _____

2. ¿Alguna vez ha utilizado Satanás alguna de estas estrategias en una iglesia en la que usted se congregaba? Describa lo que ocurrió.

   _____

   _____

   _____

   _____

3. ¿Alguna vez se ha sentido ofendido por su pastor o por algún miembro de la iglesia? ¿Qué estrategia usó el diablo para dividirlo de otros y separar a otros de usted? ¿Qué sucedió? ¿De qué manera podría haber manejado mejor sus sentimientos ante la ofensa?

_____

_____

_____

4. ¿Tiene raíz de rechazo en su vida? Explique.

_____

_____

_____

5. ¿Alberga en su corazón ofensas profundas contra otros cristianos? Explíquelo.

_____

_____

_____

_____

6. Suponga que usted es un doctor, su iglesia un paciente y el conflicto y la contienda la enfermedad. Escriba una receta para su iglesia utilizando Gálatas 5:14-15.

_____

_____

_____

Amado Señor, perdono a todos aquellos contra los cuales he albergado una ofensa. Te pido que les perdones cualquier pecado que hayan cometido contra mí y que restaures mi amor y mi comunión con ellos en cuanto sea posible. Fortaléceme de mis inseguridades y ayúdame a no ofenderme fácilmente. Señor, elijo caminar como lo hizo Cristo, amando libremente y perdonando a todos. Dame un corazón amoroso hacia todos mis hermanos y hermanas en Cristo, especialmente aquellos que me han maltratado. En el nombre de Jesús, amén.

Dolor de cabeza y de espalda... ¿otra vez?

Siempre he sido una persona que se toma todo muy en serio. En mis primeros años de matrimonio, cuando limpiaba la casa, trabajaba muy duramente, y si alguien ensuciaba después de terminar de limpiar, me enojaba. Quería una casa que luciera, no donde se viviera. Sabía cómo trabajar, pero no sabía cómo vivir en armonía con los demás.

Algunas personas comen de más cuando están enojadas. Es una forma de decir: "Ya verán". Otros comen para confortarse a sí mismos cuando sienten dolor. Yo siempre perdía el apetito cuando me enojaba o estaba mal. Era bueno que eso pasara, porque, de lo contrario, hubiese sido obesa, porque la mayor parte del tiempo estaba enojada por algo. Tenía conflictos conmigo misma, con Dave, con los niños, con familiares, con los vecinos y hasta con Dios.

Cuando me enojaba, permanecía así por días, y a veces hasta por semanas. Lograba esconder eficazmente mi enojo de aquellos a quienes quería impresionar, pero mi vida interior era casi siempre un caos. Parecía como si el enojo y el malestar me cargaran de energía por algún tiempo, pero cuando me calmaba, sentía como si alguien me hubiera desconectado el enchufe y drenado toda mi energía.

A pesar de que me sentía mal la mayor parte del tiempo, como les pasa a muchas personas, yo no relacionaba mi malestar con mi rabia. Tenía dolores de cabeza, de espalda, problemas de colon y tensión en el cuello y en los hombros. El doctor me hizo varios exámenes, pero no logró encontrar nada malo en mí, así que concluyó que mis problemas físicos se debían al estrés. ¡Eso me enojó aún más! Yo sabía que estaba enferma, y en lo que a mí respectaba, no era el estrés lo que causaba esa enfermedad.

Pero estaba equivocada. No entendía la relación que había entre el conflicto y el estrés, ni cómo el estrés puede afectar al cuerpo.

La relación entre el conflicto y el estrés

¿Cuánto estrés puede soportar nuestro cuerpo? El *estrés* puede ser definido como tensión, presión mental, emocional o física, o angustia. Originalmente fue un término de ingeniería. Los ingenieros lo utilizaban para referirse a la cantidad de presión o peso que podía colocarse sobre las vigas de acero o estructuras de los edificios sin que colapsaran. ¡Hoy colapsan más personas que edificios!

Cada vez son miles las personas que están enfermas, y creo que muchas de nuestras enfermedades son causadas por la falta de paz. Nada estresa físicamente nuestro cuerpo tanto como estar enojado o alterado, especialmente si permanecemos así por mucho tiempo. No es raro entonces que la Biblia nos diga: "Si se enojan, no pequen" (Efesios 4:26). No dejen que el sol se ponga estando aún enojados. El apóstol Santiago dijo: "Mis queridos hermanos, tengan presente esto: Todos deben estar listos para escuchar, y ser lentos para hablar y para enojarse" (Santiago 1:19).

Aunque el cuerpo puede sufrir muchos
maltratos y sobrevivir, no puede tolerar
el nivel de estrés de vivir día tras día
cargando con emociones negativas.

Dios nos creó para que vivamos en rectitud, gozo y paz. Nuestro cuerpo físico no está hecho para lidiar con conflictos hogareños, sea en forma de preocupación, temor, odio, amargura, resentimiento, falta de perdón, furia, rabia, celos o confusión. Aunque el cuerpo puede sufrir muchos maltratos y sobrevivir, no puede tolerar el nivel de estrés de vivir día tras día cargando con emociones negativas.

Nuestro estrés interno frecuentemente está compuesto por la presión que sentimos por vivir en un mundo estresante, lleno de conflictos y ansiedades.

La vida suele agregarnos más estrés

No podemos vivir en este mundo sin experimentar algún tipo de estrés. Dios creó nuestro cuerpo para manejar, y manejar bien, cierto monto normal de estrés. Pero la vida en sí misma parece tornarse cada vez más estresante, particularmente la de quienes vivimos en los Estados Unidos, donde todos estamos apurados. Lo triste es que mucha gente no está yendo a ninguna parte, pero no lo sabe. Todo esto crea una atmósfera tensa que está sobrecargada de conflictos.

Los niveles de ruido crecen en forma alarmante. Hace algunos años, uno podía detenerse detrás de un auto en medio del tránsito con las ventanas bajas y oír alguna tranquila canción que lo ayudara a sentirse mejor. Hasta se podía intercambiar alguna sonrisa o un saludo con alguien, sea otro conductor o quien fuere, aunque uno no conociera a esa persona.

Hoy no es así. La música que retumba desde los autos suele ser tan fuerte que hace que usted quiera gritar. Si le sonríe a otro o lo saluda, ese gesto puede ocasionarle acusaciones de tener segundas intenciones. Si mira a alguien demasiado tiempo, esa persona puede gritarle obscenidades.

Muchas familias experimentan también presiones económicas. En muchos hogares, ambos padres deben trabajar para poder pagar las cuentas, o tal vez el padre debe tener dos trabajos. Muchas madres solas tienen dos y hasta tres trabajos, y cuando llegan a su casa por la noche, todavía tienen que seguir trabajando en las tareas del hogar. No es de sorprenderse que tanta gente se queje porque está cansada, agotada y rendida. Incluso, quienes tienen un sólo trabajo pueden estresarse o quedar exhaustos por realizar esa labor.

La gente cansada sucumbe a la tentación más
fácilmente que la que está descansada.

La gente cansada sucumbe a la tentación más fácilmente que la que está descansada. Son más vulnerables a la guerra espiritual, y son más propensos a sufrir emociones estresantes como el enojo, la frustración y la impaciencia. No es de extrañar que Dios haya establecido que debemos trabajar seis días y luego tener el día de reposo, un día de siete, para descansar totalmente de nuestras tareas (vea Éxodo 20:8–10). Dios mismo descansó de sus labores luego de trabajar seis días en la creación (vea Génesis 2:2).

Nuestros cuerpos pueden manejar el estrés normal, pero cuando las cosas se desequilibran en forma excesiva, a menudo sacrificamos nuestra buena salud. Cuando Dave y yo recién comenzábamos nuestro ministerio, experimenté mucho estrés. Sentía el peso de la responsabilidad sobre mis hombros. Me preocupaba por potenciales problemas casi constantemente. ¿De dónde vendría el dinero? ¿Cómo podría lograr dar charlas si casi nadie me conocía? ¿Cómo podría lograr acceso a las estaciones de radio? Vivía con temor y de acuerdo con razonamientos humanos: vivía estresada.

Aunque el estrés que sentía a veces llevaba a conflictos entre Dave y yo, mi principal fuente de conflictos eran mis circunstancias. No podía hacer que las cosas sucedieran tan rápidamente como hubiese querido. Tenía una visión, pero no progresaba en el tiempo esperado. Intentaba una cosa primero, y luego otra, pero ninguna daba resultado.

Una vez más, me encontré en el consultorio del doctor para quejarme de dolores de espalda y de cabeza, así como de otras dolencias físicas. Todos los médicos que vi me dijeron que mis problemas físicos se debían al estrés, pero yo sabía que Dios me había llamado a trabajar en el ministerio a tiempo completo, de manera que no creía que mis problemas se debieran a la forma en que estaba manejando mi estresante labor. Hoy puedo ver claramente que lo que los doctores me decían era correcto. Yo estaba haciendo lo que Dios me había llamado a hacer, pero no había aprendido a hacerlo pacíficamente, para que no creara conflictos.

Sea que el conflicto la cause o el resultado de nuestro estrés, si no se controla, deriva en enfermedad. Para entender por qué, resulta útil que nos familiaricemos con las respuestas de nuestro organismo al excesivo estrés.

Cómo entender las respuestas del cuerpo al excesivo estrés

Permítame compartirle lo que le ocurre a su cuerpo como respuesta a esta clase de estrés. No soy doctor, pero trataré de explicarle lo que pasa en mis propias palabras.

Cada vez que sus emociones (preocupación, odio, amargura, entre otros) suben al punto de ebullición, sus órganos internos deben trabajar más para poder acomodarse a esa presión. Cuando comenzamos a abusar de ellos, empezarán a mostrar signos de la presión que han venido soportando.

La aparición del estrés detona una alarma que le dice a su cuerpo que se defienda de una situación amenazadora. El sólo pensar en una situación triste o peligrosa puede disparar esa alarma. Cuando esto sucede, la mente envía esta alarma a sus glándulas suprarrenales, que liberan hormonas como la adrenalina, que aumenta su ritmo cardíaco, eleva su presión arterial, envía glucosa a sus músculos, y eleva sus niveles de colesterol. La amenaza de estrés pone en movimiento una compleja cadena de respuestas para preparar su cuerpo para el "ataque o fuga": atacar lo que lo amenaza o escapar de ello.[1]

Su cuerpo les está diciendo a sus órganos: "¡Me están atacando! Ayúdame a combatir esto o ayúdame a deshacerme de ello. ¡Necesito más fuerza y energía para solucionar esta emergencia!". Sus órganos comienzan a ayudar. Están equipados para solucionar emergencias. Pero si usted vive en un perpetuo estado de emergencia, llegará un momento en que sus órganos ya estarán exhaustos de tanto lidiar con todas las emergencias, y se encontrará con que ya no pueden seguir lidiando con el estrés normal. De pronto, algo se quiebra.

Para hacerse una idea visual de esto, tome una bandita elástica y estírela tanto como le sea posible. Luego, suéltela. Hágalo una y otra vez. Después de un tiempo, verá que la bandita elástica perderá su elasticidad. Se volverá flácida. Continúe haciendo esto el tiempo suficiente, y, finalmente, ante tanto estiramiento, la bandita se romperá. Algo similar nos sucede cuando insistimos en forzar demasiado nuestro cuerpo demasiadas veces. A veces, la mente colapsa; otras, nuestras emociones o nuestra salud física se quiebran.

El estrés causa enfermedades al destruir el sistema inmunológico de nuestro cuerpo, de manera que ya no pueda seguir peleando contra los gérmenes e infecciones. Los órganos sencillamente se agotan, y la persona se "siente" exhausta.

Finalmente, llega la enfermedad. La gente dice: "No sé qué anda mal, pero no me siento bien". Tienen dolores de cabeza, espalda, cervicales y hombros, úlceras estomacales, problemas del colon y otras dolencias. Cuando le dicen al doctor cómo se sienten, se les responde que tienen una "falla suprarrenal" o un "virus" de alguna especie. En muchos casos, la raíz que causa la enfermedad está en los años de vida llena de conflictos y estrés.

La buena noticia es que Jesús no nos dejó en un mundo que puede enfermarnos sin darnos una solución. Él dijo: "Yo les he dicho estas cosas para que en mí hallen paz. En este mundo afrontarán aflicciones, pero ¡anímense! Yo he vencido al mundo" (Juan 16:33).

Vivir positivamente

Así como los pensamientos, las emociones, las palabras y las relaciones negativas pueden causarle estrés y el estrés, a su vez, puede hacerlo enfermar, los pensamientos, palabras, emociones y relaciones positivas pueden traerle sanidad. Medite en las siguientes escrituras: "El corazón tranquilo da vida al cuerpo, pero la envidia corroe los huesos" (Proverbios 14:30). La agitación emocional, tal como producen la rabia, la envidia y los celos, carcomen una buena salud y un cuerpo fuerte. Una mente tranquila y pacífica suministra salud a todo su ser.

"Hijo mío, atiende mis consejos; escucha atentamente lo que digo. No pierdas de vista mis palabras; guárdalas muy dentro de tu corazón. Ellas dan vida a quienes las hallan; son la salud del cuerpo" (Proverbios 4:20–22). ¿Qué es lo que brinda y ministra salud y lozanía? Meditar en la Palabra de Dios y no en lo que nos causa estrés. Jesús es nuestra paz. Él también es la Palabra viviente. Cuando nos sujetamos a la Palabra, la paz abunda. Fluye como un río.

"Acuérdate del sábado, para consagrarlo. Trabaja seis días, y haz en ellos todo lo que tengas que hacer, pero el día séptimo será un día de reposo para honrar al Señor tu Dios. No hagas en ese día ningún trabajo, ni tampoco tu hijo, ni tu hija, ni tu esclavo, ni tu esclava, ni tus animales, ni tampoco los extranjeros que vivan en tus ciudades" (Éxodo 20:8-10). Dios nos dijo que demos descanso a nuestro cuerpo por alguna razón. Él sabe que cuando nos cuidamos, nuestro espíritu está más positivo y estamos en mejores condiciones de resistir los ataques de Satanás para enredarnos en conflictos.

"Confía en el Señor de todo corazón, y no en tu propia inteligencia. Reconócelo en todos tus caminos, y él allanará tus sendas. No seas sabio en tu propia opinión; más bien, teme al Señor y huye del mal. Esto infundirá salud a tu cuerpo y fortalecerá tu ser" (Proverbios 3:5–8). Pasé años razonando y tratando de entender todo, y eso afectó negativamente mi salud. Pero he aprendido a echar mi carga sobre Dios para no vivir en una presión constante. Me siento mucho mejor físicamente ahora que cuando tenía treinta y cinco años. ¿Por qué? Porque ya no me sigo preocupando.

Aprender a confiar mi vida a Dios también ha evitado conflictos entre Dave y yo. En el pasado, yo insistía tratando de hacer que Dave viera las cosas a mí manera. Ahora, me hago a un lado y le pido a Dios que cambie lo que deba ser cambiado.

"Gran remedio es el corazón alegre, pero el ánimo decaído seca los huesos" (Proverbios 17:22). ¿Cómo podríamos decirlo de un modo más sencillo? Una persona que está feliz, alegre y de buen humor estará sana. Una persona enojada no es alegre ni feliz y, muy probablemente, tampoco estará sana.

La Palabra de Dios no sólo nos dice que la felicidad nos lleva a tener buena salud, sino que también nos dice cómo experimentar felicidad.

Corazones felices, cuerpos felices

Hace varios años, cuando buscaba andar en paz, estaba decidida a encontrar cómo disfrutar una vida apacible. Un día, me topé con el siguiente pasaje: "En efecto, 'el que quiera amar la vida y pasar días felices, guarde su lengua del mal y sus labios de proferir engaños. Apártese del mal y haga el bien; busque la paz y sígala" (1 Pedro 3:10–11).

Todavía sigo disfrutando al releer este pasaje y absorber el poder de sus principios para vivir exitosamente cada día. Brinda cuatro principios específicos para quienes quieran disfrutar la vida y proteger su salud.

1. Guarde su lengua del mal.

La Palabra de Dios establece claramente que el poder de la vida y la muerte está en la boca. Podemos traer bendición o sufrimiento a nuestra vida con nuestras palabras. Proverbios 12:18 dice: "Hay hombres cuyas palabras son como golpes de espada; mas la lengua de los sabios es medicina" (RV60). Cuando hablamos precipitadamente, a menudo nos involucramos en discusiones. De manera que mejor escoja cuidadosamente sus palabras, mantenga su boca llena de la Palabra de Dios y no de sus propias palabras. ¡Su salud mejorará!

2. Apártese del mal.

Debemos ponernos en acción para apartarnos del mal y de los ambientes nocivos. La acción que debamos realizar puede ser cambiar nuestras amistades y almorzar solos, en lugar de sentarnos entre los chismes de oficina. Incluso podría implicar soledad por algún tiempo. Los nuevos comienzos requieren finales. El deseo de tener una nueva vida —llena de santidad, gozo y paz— demandará la muerte de algunas cosas, para que podamos esperar que Dios dé a luz otras nuevas.

3. Haga el bien.

La decisión de hacer el bien debe seguir a la decisión de dejar de hacer el mal. Puede parecer que una sigue automáticamente a la otra, pero no es así. Ambas son elecciones terminantes. El arrepentimiento tiene dos aspectos: requiere que nos apartemos del pecado y nos volvamos hacia la rectitud. Algunas personas se apartan de sus pecados, pero jamás toman la decisión de comenzar a hacer el bien. Como resultado, son atraídos nuevamente al pecado.

La Biblia está llena de los siguientes "principios de sustitución afirmativa": "Por lo tanto, dejando la mentira, hable cada uno a su prójimo con la verdad, porque todos somos miembros de un mismo cuerpo. 'Si se enojan, no pequen.' No dejen que el sol se ponga estando aún enojados, ni den cabida al diablo. El que robaba, que no robe más, sino que trabaje honradamente con las manos para tener qué compartir con los necesitados" (Efesios 4:25, 28).

¿Cómo podríamos decirlo de un modo
más sencillo? Una persona que está feliz,
alegre y de buen humor estará sana.

4. Busque la paz y sígala.

Fíjese que debemos buscarla, perseguirla e ir tras ella. No podemos meramente desear paz sin acompañarlo de alguna acción efectiva, sino que debemos desear paz y actuar. Es necesario que busquemos la paz en nuestra relación con Dios, con nosotros mismos y con los demás.

Cuando comencé a vivir según estos principios, no sólo mejoraron mis relaciones, sino también mi salud. La suya también lo hará.

Mientras busca eliminar el estrés y el conflicto de su vida, recuerde esto: "El que está en ustedes es más poderoso que el que está en el mundo" (1 Juan 4:4).

Nota:
- Archibald D. Hart, *The Hidden Link Between Adrenaline and Stress* (El nexo oculto entre la adrenalina y el estrés) (Dallas, TX: Word Books, 1986) 21-23.

CAPÍTULO 5

Resumen y reflexión

El estrés fue originalmente un término de la ingeniería usado para determinar la presión que podían llegar a soportar las vigas de acero o cualquier otro objeto estructural antes de comenzar a doblarse y finalmente colapsar. El enojo no resuelto, así como otras formas de conflicto, producen el mismo efecto sobre su cuerpo.

He aquí lo que dice la Biblia sobre el enojo en Efesios 4:26: "'Si se enojan, no pequen.' No dejen que el sol se ponga estando aún enojados". Luego, en el libro de Santiago dice: "Mis queridos hermanos, tengan presente esto: Todos deben estar listos para escuchar, y ser lentos para hablar y para enojarse" (Santiago 1:19).

1. Utilizando Efesios 4:26 y Santiago 1:19, escriba una respuesta bíblica a sus sentimientos de enojo.

_____

_____

2. ¿Cómo ha afectado su salud el estrés y el conflicto en el pasado?

_____

_____

3. ¿Cuáles son los factores que producen estrés en su vida actualmente? Considere los síntomas del estrés de acuerdo a la lista que aparece en el capítulo 1, así como su propia situación y relaciones. ¿De qué manera pueden estar afectando su salud?

_____

_____

4. ¿Suele sentirse cansado o agotado? Dios nos dice que demos reposo a nuestros cuerpos (vea Éxodo 20:8-11). Aplique este principio a su situación. ¿Cómo la podría cambiar?

_____

_____

5. Meditar en la Palabra de Dios (Proverbios 4:1-22) y aprender a confiar su vida a Dios (Proverbios 3:5-6) ¿podrían mantenerlo libre de las enfermedades inducidas por el estrés?

_____

_____

6. De acuerdo con Proverbios 17:22, la felicidad y la salud están estrictamente ligadas. Primera de Pedro 3:10-11 nos da la clave para disfrutar la vida. Aplique cada una de esas claves a su situación. ¿Cómo podrían reducir su nivel de estrés?

Guarde su lengua del mal.

_____

_____

Apártese del mal.

_____

_____

Haga el bien.

_____

_____

Busque la paz.

_____

_____

Querido Padre celestial, por favor, dame la gracia que necesito
para vivir en un mundo lleno de estrés. Ayúdame a decir palabras que produzcan paz en mi mente, en mi cuerpo y en la vida
de los demás. Ayúdame a no permitir nunca que el sol se ponga
sobre mi enojo y a darle a mi cuerpo el descanso que necesita.
Te entrego mis pensamientos, palabras, actitudes y salud a ti.
Amén.

PARTE II

Cómo sanar relaciones problemáticas

Confiar en Dios, no en uno mismo

uando Dios le dijo a Abram (a quien más tarde llamó Abraham) que tomara a su familia y se mudara a otro país, Abram llevó a su sobrino, Lot, y a la familia de Lot con él (Génesis 12:1-4). Cuando finalmente se estableció en Betel, tenían tantos animales, tiendas y posesiones que la tierra no era suficiente para ambas familias. No sólo eso, sino que sus sirvientes se peleaban. De modo que Abram fue a Lot y le dijo que era necesario que se separaran, para que cada uno tuviera suficiente tierra para sus rebaños. Además, Abram se humilló y le dio a Lot la oportunidad de elegir primero la tierra disponible.

Esto fue lo que sucedió después: "Lot levantó la vista y observó que todo el valle del Jordán, hasta Zoar, era tierra de regadío, como el jardín del Señor o como la tierra de Egipto. Así era antes de que el Señor destruyera a Sodoma y a Gomorra. Entonces Lot escogió para sí todo el valle del Jordán, y partió hacia el oriente. Fue así como Abram y Lot se separaron" (Génesis 13:10-11).

Ésta era una situación potencialmente explosiva. Aquí había una oportunidad para que los conflictos que ya estaban afectando a los pastores afectaran la relación entre Abram y Lot. Sin embargo, Abram no dejó que eso sucediera. En cambio, resistió al conflicto humillándose a sí mismo (negó su orgullo). En vez de tratar de mirar por sus propios intereses, confió en Dios para su futuro.

81

La generosa oferta de Abram esfumó la volatilidad de la situación. Después de todo, ¿cómo iba a enojarse Lot cuando Abram estaba siendo tan cariñoso y considerado? Por supuesto, Lot escogió la mejor porción de tierra: el fértil y bien regado valle del Jordán. Egoístamente, tomó lo mejor para sí mismo y no consideró a Abram. Mire los resultados: "Abram se quedó a vivir en la tierra de Canaán, mientras que Lot se fue a vivir entre las ciudades del valle, estableciendo su campamento cerca de la ciudad de Sodoma. Los habitantes de Sodoma eran malvados y cometían muy graves pecados contra el Señor" (Génesis 13:12-13).

El egoísmo siempre lleva a problemas, y así le pasó a Lot. Sodoma era una ciudad tan malvada que Dios decidió destruirla, pero dijo a Lot que esperaría hasta que él y su familia estuvieran a salvo fuera de la ciudad para hacerlo. Lot, su esposa y sus dos hijas tuvieron que huir tan rápidamente que deben de haber llevado consigo muy poco, si algo, de su ganado y posesiones. Pero la pérdida de su riqueza fue sólo el comienzo de los problemas de Lot. Cuando su esposa desobedeció a Dios por mirar atrás a Sodoma que se incendiaba, Dios la convirtió en piedra. Pero la peor calamidad fue cuando Lot terminó embarazando a sus hijas, quienes en ocasiones separadas habían alentado a su padre a emborracharse tanto que ni siquiera se dio cuenta cuando cada una de ellas durmió con él. Lot, egoístamente, trató de proteger sus propios intereses, y, como resultado, recogió una cosecha de devastación y destrucción.

Ahora, veamos cómo le fue a Abram: "Después de que Lot se separó de Abram, el Señor le dijo: 'Abram, levanta la vista desde el lugar donde estás, y mira hacia el norte y hacia el sur, hacia el este y hacia el oeste. Yo te daré a ti y a tu descendencia, para siempre, toda la tierra que abarca tu mirada. Multiplicaré tu descendencia como el polvo de la tierra. Si alguien puede contar el polvo de la tierra, también podrá contar tus descendientes. ¡Ve y reconoce el país a lo largo y a lo ancho, porque a ti te lo daré!'" (Génesis 13:14-17).

Abram resistió al conflicto y cedió sus "derechos" sobre la tierra para mantener la paz entre él y Lot. La semilla de obediencia fructificó para Abram en la cosecha de la promesa de Dios de darle todo lo que sus ojos podían ver.

Esta historia nos enseña dos poderosas verdades:

1. Cuando tratamos de cuidar nuestros propios intereses y mantener a Dios fuera de la solución, fracasamos miserablemente, creando a menudo aún más problemas y conflictos.

2. Cuando confiamos en que Dios cuide de nosotros, Él prodigará sus bendiciones sobre nosotros. Él probará que es fiel.

Examinemos cada una de ellas.

El cuidar de uno mismo siembra una cosecha de destrucción y conflicto

Si elegimos poner nuestra fe (confianza y esperanza) en nosotros mismos, rápidamente aprenderemos que el cuidarnos no produce resultados sobrenaturales. Por años, me agoté mental, emocional y físicamente, con mis esfuerzos para cuidar de mí misma. Debido al abuso emocional y físico que sufrí de niña en manos de las personas que debían cuidarme, y después durante mi primer matrimonio, pensaba que yo era la única persona en quien podía confiar. No entendía que mis esfuerzos por cuidar de mí misma sólo sumaban a los problemas de mis relaciones y mi vida.

El libro de Santiago muestra claramente cómo surgen los conflictos por cuidar de uno mismo. "¿De dónde surgen las guerras y los conflictos entre ustedes? ¿No es precisamente de las pasiones que luchan dentro de ustedes mismos? Desean algo y no lo consiguen. Matan y sienten envidia, y no pueden obtener lo que quieren. Riñen y se hacen la guerra. No tienen porque no piden" (Santiago 4:1-2).

¿Qué ocurre cuando tratamos de "forzar" a otros a tratarnos bien? ¡No funciona! En realidad, a menudo incluso empeora la situación. Esto fue así para Lot, y también para una buena amiga mía que trataba de cambiar a su esposo.

La confianza en uno mismo siempre trae fracaso.

Los dos parecían acosados por un desastre tras otro. Mi amiga tenía todo el tiempo una "carismática" sonrisa congelada en su rostro, así que, según la apariencia externa, todo parecía bien. Mientras miraba su vida desde afuera, sus problemas me parecían injustos. Estuve tentada a orar: *Dios, ¿por qué no la estás protegiendo? Ella es tan dulce, y hace tanto por los demás. Diezma, y está en la iglesia cada vez que se abren las puertas.*

Por último, todo se derrumbó literalmente sobre mi amiga: ¡el techo de su casa se derrumbó! Recién entonces, al fin, me dijo lo que realmente estaba sucediendo. Dijo que ella y su esposo inconverso no se llevaban bien y siempre peleaban, en su mayor parte debido a los esfuerzos de ella por tratar de cambiarlo. No era un hombre pendenciero. En realidad, era bastante pasivo con relación a todo, y su falta de interés en ella, en su hogar, en la iglesia y en su vida, era una continua fuente de irritación para ella. Tenía conflictos en su alma con respecto a su esposo, y surgieron por la actitud sentenciosa de ella y su continuo fastidio y crítica.

Me contó que Dios le había estado hablando acerca de esto, pero no lo había escuchado. Sentía que no era razonable que Dios le pidiera que fuera una pacificadora en su hogar cuando el problema no era suyo. Le dijo al Señor que no podía quedarse quieta y dejar que su esposo se saliera con la suya con su conducta irritante.

Mi amiga se estaba autoprotegiendo. Dios habría tenido cuidado de ella, pero estaba demasiado ocupada tratando de proteger sus propios intereses. Me contó que incluso le dijo a Dios: "Sé lo que me estás diciendo, pero no puedo hacerlo". En vez de confiar en Dios y humillarse para hacer lo que Él le decía que hiciera, eligió confiar en sí misma, y el desastre aconteció. No sólo fracasó en cambiar a su esposo; invitó la destrucción a sus vidas por medio de su desobediencia.

La confianza en uno mismo siempre trae fracaso. No tenemos que poner "nuestra confianza en esfuerzos humanos" (Filipenses 3:3). Ni en nuestros propios esfuerzos, ni en los de nadie.

Sin embargo, cuando entramos en relación con Dios, nos damos cuenta de una verdad asombrosa. Dios *desea* cuidar de nosotros. Tenemos que dejar de cuidar de nosotros mismos.

Sembrar confianza en Dios nos trae una cosecha de bendición y paz

Cuando nuestras circunstancias parecen fuera de control, o cuando los demás nos están hiriendo o sacando ventaja de nosotros, naturalmente queremos equilibrar las cosas a nuestro favor. Dios desea darnos favor, y debemos confiar en Él para ello.

Como me ocurrió a mí, muchas personas tienen dificultad para confiar en Dios por causa de sus heridas del pasado. Pero Dios no es como las demás personas. ¡Podemos confiar en Él! El Salmo 23:6 nos dice: "La bondad y el amor me seguirán todos los días de mi vida".

¡Qué reconfortante es estar seguros de su especial cuidado!: "Depositen en él toda ansiedad, porque él cuida de ustedes" (1 Pedro 5:7). ¡Éste es un versículo maravilloso!

Aunque Dios quiere cuidar de nosotros, sus manos están atadas por nuestra incredulidad y por las obras de la carne. Él es un caballero, y no intervendrá si no es invitado a hacerlo. Espera hasta que abandonemos la tarea de cuidarnos a nosotros mismos y pongamos nuestra confianza y esperanza en Él. La ley de la fe, mencionada en 1 Pedro 5:7, es ésta: *cuando usted deja de tratar de cuidar de sí mismo, ¡libera a Dios para que Él cuide de usted!*

He descubierto que es muy difícil caminar en obediencia a Dios y en amor hacia los demás si mi principal interés es que "yo" no sea herida, o que no saquen ventaja de mí. Sin embargo, cuando permito que Dios sea Dios en mi vida, Él honra tres promesas definidas que hace en el Salmo 91:15, el cual dice: "Él me invocará, y yo le responderé; estaré con él en momentos de angustia; lo libraré y lo llenaré de honores".

Según este versículo, cuando confiamos en que Dios cuidará de nuestros intereses, Él:

1. Estará con nosotros en la angustia
2. Nos librará
3. Nos honrará

El honor es una posición de exaltación. Cuando Dios honra a un creyente, levanta o exalta a esa persona. Cuando rehusamos tratar de cuidarnos a nosotros mismos, estamos admitiendo que necesitamos la ayuda de Dios. Es un acto de humildad, y ese acto de fe nos ubica en la línea directa de la exaltación de Dios. Pedro escribió: "Humíllense, pues, bajo la poderosa mano de Dios, para que él los exalte a su debido tiempo" (1 Pedro 5:6).

En vez de intentar que alguien lo trate
de manera más justa, ore por ellos y
confíe en que Dios cuidará de usted.

Cuando confiamos en Dios, estamos en línea para un ascenso. Dios nos honrará y nos recompensará cuando colocamos nuestra fe en Él. Hebreos dice: "En realidad, sin fe es imposible agradar a Dios, ya que cualquiera que se acerca a Dios tiene que creer que él existe y que recompensa a quienes lo buscan" (Hebreos 11:6).

Cuando tenemos fe para confiar en Él, nuestra fe libera promesas adicionales de la Palabra de Dios. Pablo habla de "la medida de fe" que es dada a cada persona (Romanos 12:3). Tenemos fe como un don de Dios. Crece y se desarrolla a medida que la usamos. Necesitamos resultados sobrenaturales en nuestra vida. La manera de obtenerlos es dejando a Dios ser Dios.

Repetidamente, la Palabra de Dios nos enseña que Dios es nuestro baluarte, nuestro protector, y el que nos recompensa. (Vea Salmos 27:1; 59:9; Mateo 22:44.) Él trae justicia y recompensa a nuestra vida. (Vea Deuteronomio 32:35; Salmo 89:14.) Lo hizo por Abraham. Dios le dio a Abraham tantos descendientes que no podrían ser contados y más tierra que la que había tenido antes.

En el sistema del mundo, usted trabaja arduamente y entonces recibe la recompensa. En la economía de Dios, usted confía profundamente en Él y recibe su recompensa. No estoy sugiriendo que viva en la pasividad, sino que le urjo decididamente a evitar todas las obras de la carne. Vivir por el brazo de la carne invita al conflicto: con nosotros mismos, con Dios y con los demás.

Considere las siguientes escrituras. Lo animarán a dejar de cuidar de sí y buscar la recompensa de Dios mientras pone su fe en Él. "Después de esto, la Palabra del Señor vino a Abraham en una visión: 'No temas, Abram. Yo soy tu escudo, y muy grande será tu recompensa'" (Génesis 15:1).

"La Palabra del Señor es perfecta, sus estatutos son verdaderos y justos, por ellos recibimos advertencias (somos iluminados y enseñados); y al guardarlos hay una gran recompensa" (Salmo 19:8-11, paráfrasis de la autora).

"Dirá entonces la gente: 'Ciertamente los justos son recompensados; ciertamente hay un Dios que juzga en la tierra'" (Salmo 58:11).

"Porque ciertamente yo te libraré, afirma el Señor, y no caerás a filo de espada; antes bien, tu vida será tu botín, porque has confiado en mí" (Jeremías 39:18).

"Pero tú, cuando te pongas a orar, entra en tu cuarto, cierra la puerta y ora a tu Padre, que está en lo secreto. Así tu Padre, que ve lo que se hace en secreto, te recompensará" (Mateo 6:6).

En vez de intentar que alguien lo trate de manera más justa, ore por ellos y confíe en que Dios cuidará de usted. Puede orar en secreto, con el rostro lleno de lágrimas, pero Dios lo recompensará abiertamente.

Confiar en nosotros mismos nos conduce a conflictos. Confiar en Dios conduce a la paz, paz con nosotros mismos, paz con Dios y paz con otros.

CAPÍTULO 6

Resumen y reflexión

El Salmo 23 dice: "El Señor es mi pastor, nada me falta; en verdes pastos me hace descansar. Junto a tranquilas aguas me conduce; me infunde nuevas fuerzas. Me guía por sendas de justicia por amor de su nombre. Aun si voy por valles tenebrosos, no temo peligro alguno porque tú estás a mi lado; tu vara de pastor me reconforta. Dispones ante mí un banquete en presencia de mis enemigos. Has ungido con perfume mi cabeza; has llenado mi copa a rebosar. La bondad y el amor me seguirán todos los días de mi vida; y en la casa del Señor habitaré para siempre".

Dios se ha comprometido a cuidar de nosotros.

1. Según Génesis 13:14-17, Abraham tenía un derecho dado por Dios a disfrutar de las ricas tierras que Lot escogió. Describa las posibles motivaciones de los corazones de Abraham y Lot.

_____

_____

_____

_____

2. ¿Qué principios extrae de las acciones de Abraham con Lot que pueden ayudarle con sus propios problemas de relaciones?

_____

_____

_____

_____

3. Considere por un momento el concepto de "cuidado de sí mismo". ¿Qué significa esto para usted? ¿De qué manera ha elegido cuidar de sí mismo en vez de confiar en que Dios cuide de usted?

_____

_____

4. Tratar de cuidar de nosotros mismos es una de las principales causas de problemas en nuestras relaciones. Describa una situación en la que sus esfuerzos por cuidar de sí mismo avivaron el conflicto en una o más de sus relaciones.

_____

_____

5. Lea las siguientes escrituras y escriba la promesa personal de Dios para usted que hay en cada una de ellas.

Salmo 27:1

_____

_____

Salmo 59:9

_____

_____

Mateo 22:44

_____

_____

Deuteronomio 32:35

_____

_____

Salmo 89:14

_____

_____

5. En vez de tratar de hacer que alguien lo trate de manera más justa, elija orar por esa persona y deje a Dios la conducta de él o ella. Escriba un compromiso personal de dejar el comportamiento de los demás en manos de Dios.

_____

_____

Señor, ayúdame a tamizar las situaciones potencialmente conflictivas. Te cedo mis derechos a ti. Muéstrame cuándo es más importante ser un pacificador que disfrutar de lo que es legítimamente mío.

Libérame de la esclavitud, plena de conflictos, de luchar constantemente para lograr por mi cuenta que las cosas sucedan. Líbrame del cautiverio de sentir constantemente la necesidad de protegerme. Elijo confiar en ti para que seas el Buen Pastor que cuidará de mí, velará por mí y me protegerá de sufrir daño a manos de otros. En el nombre de Jesús, amén.

Hacerse amigo de uno mismo

¿Está en paz consigo mismo? La mayoría de las personas están en guerra con ellas mismas. Puesto que pasamos con nosotros mismos más tiempo que con cualquier otra persona, este problema puede ser importante. Después de todo, ¡no podemos alejarnos de nosotros mismos! Para empeorar las cosas, si no nos llevamos bien con nosotros mismos, probablemente tampoco podamos hacerlo con los demás. Si no lo pasamos bien con nosotros mismos, no lo pasamos bien con nadie.

Esto fue verdad para mí. Sufrí al no aceptarme a mí misma por muchos años, pero no me daba cuenta. Ni tampoco entendía que mi autorrechazo y el odio hacia mí misma eran la causa por la cual no me llevaba bien con la mayoría de las personas, y por lo que éstas no se llevaban bien conmigo. Mis relaciones tenían muchos conflictos porque yo estaba en conflicto conmigo misma. No le agradaba a la gente porque yo no me agradaba a mí misma.

La manera en que nos vemos a nosotros mismos es la manera en que los demás nos verán. Vemos que este principio se ilustra en Números 13, cuando los doce espías que Moisés envió a investigar la Tierra Prometida regresaron de su expedición exploratoria. Diez de los espías dieron un informe muy negativo: "Vimos también a los gigantes, a los descendientes de Anac. Al lado de ellos *nos sentíamos como langostas, y así nos miraban ellos también"* (Números 13:33, DHH, énfasis añadido por la autora).

Puesto que los diez espías se veían a sí mismos como "langostas", sus enemigos también los veían así. Cosechamos lo que sembramos. (Vea Gálatas 6:7.) ¿Cómo podemos esperar que los demás nos acepten si nos rechazamos a nosotros mismos?

¿Cómo podemos esperar hacer las paces con los demás si no hemos hecho las paces con nosotros mismos?

Por qué las personas se rechazan a sí mismas

Sería muy fácil aceptarnos si no tuviéramos defectos. Pero tenemos defectos. La principal razón por la que las personas se rechazan es a causa de sus debilidades y errores. No pueden separar su "ser" de su "hacer", y consecuentemente acarrean vergüenza y reproche del pasado. Se enfocan tanto en sus faltas que no pueden ver sus puntos fuertes.

Recientemente, después de asistir a uno de nuestros seminarios, una mujer me dijo: "Tengo tantos conflictos en mi vida que no hay un área o relación que no esté llena de problemas o controlada por ellos". Continuó diciendo que todo lo que hacía era motivado por y realizado con conflictos. Estaba continuamente decepcionada de sí misma, juzgándose y criticándose. Sentía desprecio por todas sus faltas y debilidades, y nunca había podido considerar sus puntos fuertes. Como se rechazaba a sí misma, también rechazaba todas las capacidades que Dios le había dado. Se sentía muy mal con respecto a quién era y estaba continuamente luchando por ser mejor.

¿Cómo podemos esperar hacer las
paces con los demás si no hemos hecho
las paces con nosotros mismos?

Decía que había oído a la gente hablar de "la paz que sobrepasa todo entendimiento", pero nunca había entendido qué significaba hasta que me escuchó enseñar sobre los conflictos. Cuando aprendió que Dios no tiene en cuenta sus debilidades y defectos, experimentó la paz por primera vez en su vida.

¿Comprende? Todos tenemos algunos puntos fuertes y algunas debilidades. El apóstol Pablo testificó: "Por lo tanto, gustosamente haré más bien alarde de mis debilidades, para que permanezca sobre mí el poder de Cristo" (2 Corintios 12:9).

Pablo luchaba con sus debilidades, pero aprendió que la fortaleza y la gracia de Cristo eran suficientes. Si queremos aprender a aceptarnos a nosotros mismos, es esencial que también lo hagamos. Es necesario que sepamos quiénes somos, veamos nuestras debilidades como Jesús las ve, sepamos dónde apoyarnos, y tengamos cuidado de no juzgar los demás, y también de sus juicios hacia nosotros. Por sobre todo, es necesario que vivamos en la verdad de nuestra justificación.

Saber quién es usted

La Palabra de Dios nos asegura que tenemos un tremendo valor, debido a quiénes somos: los amados hijos de Dios. Lo que hago no siempre es perfecto. Pero sigo sabiendo quién soy: una hija de Dios a quien Él ama mucho. Mi importancia y valor provienen del hecho que Jesús murió por mí, no de que yo haga todo a la perfección. (Vea Romanos 3:22-23; 4:5.)

Usted tiene un tremendo valor e importancia. Usted es especial para Dios, y Él tiene un buen plan para su vida. (Vea Jeremías 29:11.) Usted ha sido comprado con la sangre de Cristo. (Vea Hechos 20:28.) La Biblia hace referencia a la "sangre preciosa de Cristo", indicando que Cristo en verdad pagó un alto precio para rescatarnos a usted y a mí. (1 Pedro 1:19.) Crea que usted es un hijo amado de Dios. La verdad traerá sanidad a su alma y libertad a su vida.

Otro paso para ser amigo de sí mismo es aprender a ver sus debilidades como Jesús las ve.

Ver sus debilidades como Jesús las ve

La Palabra de Dios contiene muchos ejemplos de personas débiles por medio de los cuales Dios eligió realizar grandes cosas para su gloria, incluyendo a los discípulos. Ellos eran hombres comunes que tenían debilidades, así como usted y yo.

El evangelio da a entender con claridad que Pedro era un pescador tosco y voluble que manifestaba impaciencia, enojo e ira. En un momento crucial, tuvo tanto miedo de ser descubierto como discípulo de Jesús que sucumbió a un acto de cobardía: hasta negó conocer a Jesús.

Andrés puede haber parecido blando y demasiado bondadoso para ser algo más que un seguidor. Evitó el rol de líder, estando dispuesto a desempeñar "un papel secundario" a los de su hermano Simón Pedro, y sus tempestuosos y competitivos amigos Jacobo y Juan.

A Jacobo y a Juan se los recuerda por poco más allá del hecho de que su madre buscaba para ellos posiciones de igualdad junto a Jesús cuando Él estableciera su Reino. ¿Podría ser que fueran un poquito demasiado ambiciosos?

Tomás era un hombre que temía poner su confianza en su líder. Todo tenía que ser probado antes de que él pudiera aceptarlo.

Y luego estaba Mateo. Los líderes religiosos del día estaban indignados de que Jesús siquiera considerara alternar con este vulgar recaudador de impuestos. Imagine su horror cuando Jesús cenó con Mateo en su hogar y lo invitó a convertirse en uno de sus seguidores e íntimo asociado.

Probablemente el único hombre a quien los líderes religiosos hubieran considerado digno de cierta admiración habría sido

Judas. A la vista del mundo, Judas tenía capacidad para los negocios y cualidades personales que podrían augurar éxito. Pero sus dotes naturales llegaron a ser sus más grandes debilidades y acarrearon destrucción a su vida.

Encuentro interesante que Jesús haya rechazado a los que el mundo recomendaba. Y de aquellos a quienes el mundo rechazaba, Jesús, en esencia, dijo: "Dámelos a mí. No importa cuántas faltas tengan. Si confían en mí, puedo hacer cosas grandes y poderosas a través de ellos".

Jesús oró toda la noche antes de elegir a los doce hombres que se convirtieron en sus compañeros más allegados por tres años. Tenían múltiples debilidades, y lo sabía cuando los invitó a relacionarse con Él. Sin embargo, con la excepción de Judas Iscariote, ellos continuaron el ministerio de una manera dinámica después de su muerte, resurrección y ascensión.

Primera de Corintios 1:25-29 revela el corazón de Dios hacia quienes tienen debilidades: "Pues la locura de Dios es más sabia que la sabiduría humana, y la debilidad de Dios es más fuerte que la fuerza humana. Hermanos, consideren su propio llamamiento: No muchos de ustedes son sabios, según criterios meramente humanos; ni son muchos los poderosos ni muchos los de noble cuna. Pero Dios escogió lo insensato del mundo para avergonzar a los sabios, y escogió a lo débil del mundo para avergonzar a los poderosos. También escogió Dios lo más bajo y despreciado, y lo que no es nada, para anular lo que es, a fin de que en su presencia nadie pueda jactarse".

¡Uau! Estas escrituras pueden darnos tanta esperanza para el futuro. ¡Nos dicen que Dios hasta puede usarme a mí! ¡Y Dios puede usarlo a usted! Somos iguales en Cristo, y así lo es cada creyente. Suponga que un creyente tiene una medida de 10 por ciento de debilidad y 90 por ciento de fortaleza, y otro, 40 por ciento de debilidad y 60 por ciento de fortaleza. La mayoría de las personas diría que el segundo creyente es más débil que el primero, y por lo tanto, menos aconsejable para que se le asigne una tarea. Pero Dios no ve ni juzga como nosotros. Estos dos individuos son iguales para Cristo, simplemente porque Él está dispuesto a suplir la medida que falta de fortaleza para cada uno de ellos. Así, en Cristo, ambos están operando en el mismo nivel o capacidad.

Ésta es una maravillosa verdad bíblica, y nos libera para ser todo lo que podemos ser, sin temor al rechazo y sin tener miedo de nuestras debilidades inherentes. Si capta esta verdad, ¡nunca necesitará volver a estar en conflicto consigo mismo!

Como dije, estuve en guerra con Joyce por muchos años. No me agradaba a mí misma, y trataba continuamente de cambiarme. Cuanto más luchaba, más me frustraba, hasta el glorioso día en que descubrí que Jesús me aceptaba tal como yo era. Él y sólo Él, podría llevarme hasta donde era necesario. Ningún monto de lucha o esfuerzo propio podría cambiar mis defectos. Ya está hecho "...no con ejército, ni con fuerza, sino con mi Espíritu, ha dicho Jehová de los ejércitos" (Zacarías 4:6, RV60).

Así que no se catalogue como inservible sólo porque tiene algunas debilidades. Dios nos da a todos la oportunidad de ser uno de sus éxitos. Su poder se perfecciona en nuestra debilidad (Vea 2 Corintios 12:9.) Nuestra debilidad le da oportunidad de mostrar su poder y su gloria.

En vez de agotarse tratando de deshacerse de su propia debilidad, désela a Jesús. Quite sus ojos de lo que cree que está mal en usted y mírelo a Él. Saque fuerza de su poder infinito. Permita que su poder lo llene y le quite las debilidades. No tiene que organizarse. Sólo tiene que saber hacia dónde volverse.

Saber hacia dónde recurrir

Durante años, traté de luchar con mis debilidades y cambiarme, y nunca tuve mucho progreso. En mi estado natural, tendía a ser áspera en mi relación con la gente, lo que no es un buen rasgo para un ministro. Sin embargo, creí que Dios me había llamado a ministrar de su parte, y como me llamó, me llenó con el deseo de hacerlo. Así que, trataba de ser amable. Me decidía, resolvía y ejercitaba todo el dominio propio del que era capaz.

Así que no se catalogue como inservible
sólo porque tiene algunas debilidades.
Su poder se perfecciona en
nuestra debilidad.

Aunque mejoré, seguían existiendo esos horribles momentos en que la verdadera yo emergía. Estoy segura de que en esos momentos la gente me miraba y decía: "¡De ningún modo! ¡Dios no puede estar llamándola a hacer algo importante para Él!".

Quería creerle a Dios y creer lo que mi corazón me estaba diciendo, pero escuchaba las voces de la gente y dejaba que sus opiniones me afectaran. También escuchaba al diablo, que me daba un inventario actualizado a diario de todos mis defectos e incapacidades. Me recordaba cuán a menudo había tratado de cambiar y había fracasado.

Luego, después de pasar años preguntándome: *¿Cómo podrá Dios usarme alguna vez? ¿Cómo puede confiar en mí? ¿Qué pasa si ofendo a alguien?* Dios por fin me mostró que mi constante victoria dependía de mi constante permanecer y apoyo en Él: "Yo soy la vid y ustedes son las ramas. El que permanece en mí, como yo en él, dará mucho fruto; separados de mí no pueden ustedes hacer nada" (Juan 15:5). "Permanezcan en mí, y yo permaneceré en ustedes. Así como ninguna rama puede dar fruto por sí misma, sino que tiene que permanecer en la vid, así tampoco ustedes pueden dar fruto si no permanecen en mí" (Juan 15:4).

Conocer estas verdades me obliga a apoyarme en Él continuamente. Mi necesidad me conduce a buscar su rostro. No puedo darle gloria a menos que me apoye en Él. Dios no necesita apoyarse en mí: yo necesito apoyarme en Él. Romanos 7:2425 dice: "¡Soy un pobre miserable! ¿Quién me librará de este cuerpo mortal? ¡Gracias a Dios por medio de Jesucristo nuestro Señor!".

Por la gracia de Dios, finalmente llegué a creer que Él me eligió a propósito. No fui "empujada al Señor como el último recurso" después de que Él tratara de conseguir a otros doscientos. ¡Él me eligió a mí! Deliberadamente, elige a quienes el mundo llamaría débil y necio, y lo hace para confundir a los sabios. (Vea 1 Corintios 1:27.)

Además de saber quién es y ver sus debilidades como Jesús las ve, si desea hacer amistad consigo mismo, usted debe:

Tener cuidado de juzgarse o creer el juicio de los demás hacia usted

¿Está luchando consigo mismo debido a los juicios y opiniones de otras personas al respecto? Lea el comentario de Pablo con respecto a la crítica de otros: "Por mi parte, muy poco me preocupa que me juzguen ustedes o cualquier tribunal humano; es más, ni siquiera me juzgo a mí mismo" (1 Corintios 4:3).

Algunas personas estaban juzgando la fidelidad de Pablo. Él no trató de defenderse, ni se enojó. Simplemente dijo: "No me importa lo que piensen. Ni siquiera yo me juzgo". Muchas veces en el pasado, he abierto este pasaje y me he empapado de él, confiando en el poder de la Palabra de Dios para liberarme de mi autoenjuiciamiento y crítica.

No tenemos que juzgarnos los unos a los otros ni a nosotros mismos. Pablo escribió: "¿Quién eres tú para juzgar al siervo de otro? Que se mantenga en pie, o que caiga, es asunto de su propio señor. Y se mantendrá en pie, porque el Señor tiene poder para sostenerlo" (Romanos 14:4).

Somos justos, no porque nunca cometamos un error, sino porque Jesús nunca cometió uno.

Estamos en pie porque Jesús nos sostiene. Cuando los niños empiezan a caminar, sus padres siempre están cerca, tomando las manos de sus hijos y ayudándoles a mantener el equilibrio para que no se caigan ni se lastimen.

¡Estamos en pie porque nuestro Padre nos apoya y nos confirma! ¡Somos afirmados por su poder, no por nosotros mismos!

Si un vecino viene a mi puerta quejándose de la manera en que uno de mis hijos usa el cabello, le diría (cortésmente, espero) que se ocupe de sus asuntos. Mi hijo no es asunto de mi vecino. Ésta es la misma actitud protectora que nuestro Padre celestial tiene para con sus hijos. Nuestras fallas —y las fallas de otros— son asunto de Dios. Solamente de Dios.

Vivir en la verdad de su justificación

¿Por qué es tan importante resolver los conflictos con nosotros mismos? Porque hasta que lo hagamos no podremos experimentar relaciones libres de problemas. El Reino de Dios es justicia, paz, y gozo en el Espíritu Santo. (Vea Romanos 14:17.) Este principio del Reino contiene una progresión. Si deseamos gozo, debemos tener paz, y para tener paz, debemos tener justicia, una realidad activa de justicia, no sólo una confesión de ella.

Dios le dijo a Abraham que Él lo había hecho padre de muchas naciones mucho antes de que Abram tuviera un hijo que fuera su heredero. Dios habló de eso como si ya existiera, y ha hecho lo mismo en cuanto a nuestra justicia. Podemos decir que somos justicia de Dios en Cristo porque la Palabra dice que somos justos. (Vea 2 Corintios 5:21.) Cuanto más declaremos esta verdad, más crecerá en nosotros la realidad de ella.

A fin de movernos hacia la verdadera paz, nuestra justicia debe estar establecida como una verdad en nuestra alma. Debemos saber que sabemos que sabemos. Nuestra justicia debe estar tan establecida en nuestros corazones que "el acusador de nuestros hermanos" (Apocalipsis 12:10) no pueda robarla de nosotros con sus mentiras.

Debemos estar tan firmes en nuestra justicia por medio de la sangre de Cristo, que ni siquiera nos derrote el mirar nuestros defectos. Con respecto a Abraham: "no se debilitó en la fe al considerar su cuerpo, que estaba ya como muerto (siendo de casi cien años), o la esterilidad de la matriz de Sara" (Romanos 4:19, RV60).

Usted y yo no tenemos que vivir más con rechazo y odio hacia nosotros mismos. *Somos justos*, no porque nunca cometamos un error, sino porque Jesús nunca cometió uno. Él es el Perfecto, y por nuestra fe en Él, también podemos contarnos como justos.

¡Dios lo hace! De modo que deje de luchar consigo mismo y muévase hacia esa bendita paz que conduce a las relaciones libres de problemas.

CAPÍTULO 7

Resumen y reflexión

Primera Corintios 1:25–29 revela lo que hay en el corazón de Dios hacia quienes tienen debilidades: "Pues la locura de Dios es más sabia que la sabiduría humana, y la debilidad de Dios es más fuerte que la fuerza humana. Hermanos, consideren su propio llamamiento: no muchos de ustedes son sabios, según criterios meramente humanos; ni son muchos los poderosos ni muchos los de noble cuna.

"Pero Dios escogió lo insensato del mundo para avergonzar a los sabios, y escogió lo débil del mundo para avergonzar a los poderosos. También escogió Dios lo más bajo y despreciado, y lo que no es nada, para anular lo que es a fin de que en su presencia nadie pueda jactarse".

1. ¿Está en paz consigo mismo? ¿Se acepta a sí mismo? ¿Qué aspectos de su persona le ha costado aceptar?

_____

_____

_____

2. ¿Está de acuerdo en que las cosas que nos desagradan de los demás suelen ser las que nos desagradan de nosotros mismos? Explique su respuesta.

_____

_____

_____

3. Escriba una descripción de quién es usted, basándose en las verdades que se encuentran en Romanos 3:22-23 y Romanos 4:5, Jeremías 29:11, Hechos 20:28 y 1 Pedro 1:19.

_____

_____

_____

4. ¿Le ha costado creer que Dios puede usarlo debido a su pasado, sus debilidades o a lo que otras personas han dicho de usted? Explique su respuesta.

_____

_____

_____

5. ¿Cómo se aplican a su situación 1 Corintios 1:25–29, 2 Corintios 12:9 y 1 Corintios 4:3? ¿De qué manera estas escrituras pueden brindarle esperanza?

_____

_____

_____

6. Podemos decir que somos justicia de Dios en Cristo porque la Palabra dice que somos justos. (Vea 2 Corintios 5:21.) ¿Qué puede hacer usted para implantar esta verdad en su alma? ¿Cómo puede comenzar a vivir en esta verdad?

_____

_____

_____

Amado Señor, elijo aceptarme a mí mismo tal como soy. Te doy gracias por hacerme la persona que soy, con todas mis imperfecciones y defectos. Sé mi fortaleza en mi debilidad, y dame la gracia que necesito para aceptarme a mí mismo así como tú me aceptas. Gracias por amarme con amor sobrenatural. Ayúdame a verme a mí mismo y mi vida con tus ojos. Amén.

Hacer del perdón un estilo de vida

V iví demasiado tiempo detrás de muros que había construido para protegerme del dolor emocional, porque estaba decidida a no darle a nadie una oportunidad de herirme una segunda vez. Si alguien me ofendía, lo catalogaba en mis bancos de memoria y levantaba una pared que mantenía a esa persona a distancia o completamente fuera de mi vida.

Ya no iba a ser abusada, pero mantenía el abuso en mi corazón y continuaba causando dolor a mi vida, porque rehusaba confiar en que Dios me reivindicaría. Me llevó muchos años darme cuenta de que no podría amar a nadie mientras siguiera prisionera de mí misma detrás de las paredes de la falta de perdón. También tenía que aprender que realmente no podría amar y ser amada hasta que estuviera dispuesta a correr el riesgo de ser herida. El amor a veces hiere, pero también sana. Es la única fuerza que anulará el odio, el enojo, y la falta de perdón. Es la única fuerza que puede sanar relaciones rotas o problemáticas.

El mundo está lleno de gente dolorida y resentida, y mi experiencia ha sido que las personas lastimadas lastiman a otros. El diablo trabaja horas extra entre el pueblo de Dios para causar ofensa, conflicto y discordia, pero podemos anular sus intentos de sembrar odio, amargura, enojo y falta de perdón. Podemos ser rápidos para perdonar.

El perdón cierra la puerta a los ataques de Satanás para que no pueda ganar un punto de apoyo que con el tiempo pudiera llegar a ser una fortaleza. Puede prevenir o terminar el conflicto en nuestra relaciones con los demás. No sorprende que la Escritura nos diga una y otra vez que tenemos que perdonar a quienes nos hieren o nos ofenden. Pablo escribió: "De modo que se toleren unos a otros y se perdonen si alguno tiene queja contra otro. Así como el Señor los perdonó, perdonen también ustedes" (Colosenses 3:13).

Jesús hizo del perdón un estilo de vida, y enseñó a sus discípulos a hacer lo mismo. Veamos lo que dice sobre el perdón en Mateo 18.

La parábola del siervo ingrato

"Por eso el reino de los cielos se parece a un rey que quiso ajustar cuentas con sus siervos. Al comenzar a hacerlo, se le presentó uno que le debía miles y miles de monedas de oro. Como él no tenía con qué pagar, el señor mandó que lo vendieran a él, a su esposa y a sus hijos, y todo lo que tenía para así saldar la deuda. El siervo se postró delante de él. 'Tenga paciencia conmigo' —le rogó—, 'y se lo pagaré todo.' El señor se compadeció de su siervo, le perdonó la deuda y lo dejó en libertad.

"Al salir, aquel siervo se encontró con uno de sus compañeros que le debía cien monedas de plata. Lo agarró por el cuello y comenzó a estrangularlo. '¡Págame lo que me debes!', le exigió. Su compañero se postró delante de él. 'Ten paciencia conmigo' —le rogó—, 'y te lo pagaré'. Pero él se negó. Más bien fue y lo hizo meter en la cárcel hasta que pagara la deuda" (Mateo 18:23-30).

El siervo de esta historia le debe tanto al rey que nunca podría pagar su deuda. Cuando le pide al rey que le perdone la deuda, el rey misericordioso lo hace. Sin embargo, el mismo siervo que no podía pagar su deuda y había pedido y recibido misericordia no estaba dispuesto a tener misericordia de otro siervo en una situación similar.

El siervo de esta historia nos representa a nosotros, y el rey representa a Dios. "Todos pecaron y están destituidos de la gloria de Dios" (Romanos 3:23, RV60). Cuando pedimos a Dios que nos perdone, por medio del sacrificio de Jesús, todas nuestras deudas son canceladas. El Señor perdona nuestros pecados porque sabe que nunca podríamos pagarle lo que le debemos. Sin embargo, a menudo somos como el siervo ingrato. Con frecuencia rehusamos liberar a los demás de sus ofensas hacia nosotros, aunque nuestro Padre celestial nos ha perdonado. La parábola continúa para enseñarnos lo que sucede como resultado.

"Cuando los demás siervos vieron lo ocurrido, se entristecieron mucho y fueron a contarle a su señor todo lo que había sucedido. Entonces el señor mandó llamar al siervo. '¡Siervo malvado!' —le increpó—. 'Te perdoné toda aquella deuda porque me lo suplicaste. ¿No debías tú también haberte compadecido de tu compañero, así como yo me compadecí de ti?' Y enojado, su señor lo entregó a los carceleros para que lo torturaran hasta que pagara todo lo que debía.

"Así también mi Padre celestial los tratará a ustedes, a menos que cada uno perdone de corazón a su hermano".

—Mateo 18:3135

Cuando usted y yo rehusamos perdonar a otras personas, abrimos una puerta para que el diablo nos atormente. Perdemos nuestra libertad, la gloriosa libertad que Dios dispuso que tengamos mientras seguimos sus caminos. Dios es amor. Él además es misericordioso, bueno, perdonador y lento para la ira. Con frecuencia deseamos su poder y sus bendiciones sin querer el estilo de vida que acompaña a tales cosas. El perdón debe transformarse en un estilo de vida. Tan pronto como alguien nos ofende, debemos responder con perdón.

De hecho, Jesús se asegura de que entendamos que no tenemos que poner límites a nuestro perdón. Justamente antes de narrar la parábola del siervo ingrato, Pedro le había hecho una pregunta interesante sobre cuántas veces deberíamos perdonar.

¿Cuántas veces debemos perdonar a alguien?

"Entonces se le acercó Pedro y le dijo: 'Señor, ¿cuántas veces perdonaré a mi hermano que peque contra mí? ¿Hasta siete?' Jesús le dijo: 'No te digo hasta siete, sino aun hasta setenta veces siete'" (Mateo 18:21-22, RV60).

Cuando usted y yo rehusamos perdonar
a otras personas, abrimos una puerta
para que el diablo nos atormente.

Creo que Pedro hizo esta pregunta porque en su vida estaba lidiando con alguien que lo ofendía regularmente. Este individuo puede haber estado haciendo algo para provocar a Pedro o no; quizás simplemente uno de los otros discípulos era un continuo aguijón en su carne.

Pedro pensaba que tenía que perdonar a una persona hasta siete veces, pero Jesús le dijo que perdonara hasta setenta veces siete. Jesús le estaba diciendo a Pedro que perdonara todas las veces que fuera necesario para permanecer en paz.

Tenemos que perdonar a las personas que nos piden perdón, aún cuando no seamos conscientes de que nos hayan ofendido, porque nuestro perdón los libera para estar en paz. Por ejemplo, a veces las personas me han pedido perdón porque yo no les agradaba o por haber hablado mal de mí. Yo ni siquiera era consciente de su problema. No me estaba hiriendo: los estaba hiriendo a ellos. Los perdoné con mucho gusto, porque quería que fueran libres.

También tenemos que perdonar a las personas que no nos piden perdón, ya sea porque no querían ofendernos y no saben que lo hicieron, o porque no están arrepentidas. De cualquier manera, el perdón evita que alberguemos amargura y enojo en nuestros corazones. Nos libera.

Si usted cree que ha ofendido a alguien, vaya la milla extra y simplemente diga: "Si te he ofendido, te pido perdón". Luego, si descubre que en verdad fueron ofendidos, simplemente pídales que lo perdonen. ¡El poder de las palabras "por favor, perdóname" es asombroso! Si el individuo se rehúsa a perdonarlo, al menos usted ha hecho su parte y puede vivir en paz.

El perdón no sólo puede sanar nuestras relaciones conflictivas con otras personas, también puede liberarnos para disfrutar la plenitud de nuestra relación con Dios. ¿Comprende? El perdón como estilo de vida implica más que rehusar albergar enojo y resentimiento hacia las personas; también implica perdonar a Dios cuando Él no hace lo que esperamos o deseamos que haga.

Muchos cristianos sin darse cuenta están enojados con Dios. ¿Es usted uno de ellos?

¿Está enojado con Dios?

Me impactó cuando el Señor puso en mi corazón ministrar esto a las personas en las reuniones. No creía que muchos cristianos estuvieran enojados con Dios, pero me equivoqué. Un distanciamiento de Dios escondido es la causa de muchos problemas emocionales.

Es la causa de la amargura y de una actitud agria hacia la vida que abre la puerta a toda clase de sufrimiento y tormento.

Fuimos creados para recibir el amor de Dios, para disfrutarlo y deleitarnos en él. En respuesta, tenemos que dar generosamente amor a Dios, así como al mundo que nos rodea. Dios nos diseñó para relacionarnos con Él mismo: para una comunión cálida, tierna, cariñosa y abierta con Él. Cada vez que esto falte o sea estorbado de algún modo, sufriremos.

Cuando nos sentimos decepcionados con la vida, las personas o con las circunstancias, eso puede transformarse en desilusión con Dios.

Lo peor que podemos hacer cuando nos encontramos con desilusiones y tragedias es culpar a Dios por el problema. ¡Dios quiere ayudarnos! Él no es quien causa problemas; es el diablo. Son el mundo, la carne y el diablo los que nos causan problemas, ¡no Dios!

Esto no quiere decir que Dios nunca nos guiará por un camino por el cual preferiríamos no ir, porque lo hace. Los israelitas habrían preferido una ruta más corta a la Tierra Prometida. Pero Dios tenía un propósito al guiarlos por ese camino. "Cuando el faraón dejó salir a los israelitas, Dios no los llevó por el camino que atraviesa la tierra de los filisteos, que era el más corto, pues pensó: "Si se les presentara batalla, podrían cambiar de idea y regresar a Egipto." Por eso les hizo dar un rodeo por el camino del desierto, en dirección al Mar Rojo. Los israelitas salieron de Egipto en formación de combate" (Éxodo 13:17-18).

Dios sabe lo que es mejor para nosotros. Hay momentos en que sentimos, pensamos o deseamos una determinada senda. Estamos tentados a enojarnos con Él cuando nos guía por un camino diferente. Cuando nos sentimos decepcionados con la vida, las personas o con las circunstancias, eso puede transformarse en desilusión con Dios. ¡Esto es exactamente lo que el diablo quiere! Si usted está enojado, amargado o resentido con Dios, Él le está dando una oportunidad mientras lee este libro para ser liberado de la trampa que Satanás ha armado para usted. Dios es su ayudador, no su enemigo.

Del enojo a la confianza

Quizás se esté preguntando: *¿Y qué pasa con todas las cosas difíciles que suceden en nuestras vidas?*. Muchas personas se hacen esta pregunta porque, con nuestra mente finita, no podemos comprender por qué Dios permite cosas tales como el abuso, las drogas, el alcohol, la guerra, los desastres naturales, y otras cosas que conducen a un dolor que es casi insoportable. Sabemos que Dios puede hacer cualquier cosa que desee. No entendemos por qué no evita las cosas que nos hieren.

Muchas personas que han sido abusadas se enfurecen con Dios. No pueden comprender por qué Él no las ayudó. Creen que no pueden confiar en Él. Entiendo cómo puede suceder eso. Aunque se me evitó la tortura de estar furiosa con Dios por el abuso que sufrí, todavía estoy llena de preguntas. ¿Por qué un Dios amoroso se sentó y vio sufrir a su hija tan horriblemente? ¿Por qué no detuvo el dolor?

Puesto que Dios no ha respondido todas mis preguntas, encuentro consuelo en esta historia.

Un hombre que perdió a su hijo por el cáncer preguntó amargamente a Dios: "¿Dónde estabas tú cuando murió mi hijo?".

El Señor respondió: "En el mismo lugar en que estaba cuando murió el mío".

Dios no dio una extensa explicación, pero su respuesta hizo que el hombre cerrara su boca con humildad. Siento lo mismo. Yo no soy quién para criticar a Dios. Algún día mis preguntas serán respondidas. Por ahora, tengo paz en mi mente y en mi corazón porque he puesto mi confianza en un Dios que me ama. El pecado y el mal están en el mundo. La antiquísima batalla entre las fuerzas del bien y del mal todavía se prolonga, y sospecho que lo hará hasta el fin de los tiempos. Aunque a veces parece que el mal ha ganado sobre el bien, la victoria final pertenece a los que ponen su confianza en Dios.

En la Palabra de Dios hay muchos ejemplos de hombres y mujeres que no comprendían lo que les estaba ocurriendo. Pasaron por periodos de cuestionamiento, dudas, culpa y hasta críticas a Dios. Pero se dieron cuenta de que estaban siendo necios. Se arrepintieron y volvieron a confiar en Dios en vez de estar enojados con Él.

El salmista es una de esas personas. Ésta es mi paráfrasis de su progresión del enojo a la confianza, en el Salmo 73: "Dios, en verdad parece que los malvados prosperan y les va mejor que a mí. Estoy tratando de vivir una vida piadosa, pero parece que no sirve. Parece que todo fuera en vano. No tengo más que problemas, y cuando trato de entenderlos, el dolor es demasiado para mí. Sin embargo, he pasado tiempo contigo, y puedo comprender que al final los malvados vendrán a la ruina y destrucción. Mi corazón estaba triste. Estaba amargado y en un estado depresivo. Era un necio, Dios, ignorante, y me comporté como una bestia. Ahora entiendo que Tú estás continuamente conmigo. Me tomas de mi mano derecha. ¿A quién tengo en el cielo, Dios, sino a Ti? ¿Quién me ayudará? Si Tú no lo haces, no hay nadie sobre la tierra que pueda ayudarme. Tú eres mi fortaleza y mi porción para siempre. Es bueno para mí confiar en Ti, oh Señor, y hacer de Ti mi refugio" (Salmo 73:12-28).

Si está atascado en una situación de amargura hacia Dios, lo animo a pasar por el proceso del perdón. El enojo hacia Dios nos detiene en nuestro camino y nos impide avanzar. Es un "bloqueo espiritual" quizás más fuerte que ningún otro. ¿Por qué?

Simplemente, porque el enojo cierra la puerta al Único que puede ayudarnos, sanarnos, consolarnos o restaurar nuestras emociones, relaciones y vidas.

Aunque Dios no necesita nuestro perdón, nosotros sí necesitamos perdonarlo a fin de ser liberados de la amargura y el resentimiento. Si hemos estado albergando rencor contra Dios, debemos perdonarlo. Sólo entonces podremos experimentar el poder y la bendición de Dios en nuestra vida y relaciones.

El perdón se interpone entre la derrota y la victoria

El perdón restaura la paz, pero si fracasamos en perdonar a Dios cuando es necesario que lo hagamos, permaneceremos en conflicto. Vi ilustrado esto en la respuesta de dos familias que conozco que perdieron un ser querido. Las dos historias son similares, pero los finales son muy diferentes.

En la primera situación, una mujer pierde a su esposo por cáncer. Durante el tiempo que sufrió esa enfermedad, él nació de nuevo, fue lleno del Espíritu de Dios, y se comprometió totalmente con el evangelio. Hizo todo lo posible por compartir su testimonio con tantas personas como pudo. Recibió profecías de que viviría y no moriría, y toda la familia esperaba que Dios lo sanara y que pudiera vivir su vida como un testimonio del poder sanador de Dios. Su familia se afirmó en la fe, y declaró la Palabra. Hicieron todo lo que sus líderes espirituales y los médicos les dijeron que hicieran. Sin embargo, el hombre murió.

Aunque esta mujer cayó en la confusión, el enojo y la decepción, pudo poner su confianza en Dios y acabar victoriosamente. En el séptimo aniversario de su muerte, recibí una carta de la esposa, agradeciéndonos a Dave y a mí por acompañarla durante ese tiempo. Me contó cuánto ama al Señor hoy en día. Él es su vida.

Disfruta servirlo en cualquier manera que pueda. Todavía extraña a su esposo, pero tiene paz y camina en victoria.

A sus hijos, en cambio, no les fue tan bien. Conservaron algo de la amargura que sintieron cuando su padre murió. La confusión de sus espíritus ha afectado su progreso espiritual. No se han alejado completamente de Dios, pero retrocedieron y nunca se recobraron.

Haga del perdón un estilo de vida eligiendo
confiar en Él en las cosas que no comprende.

La segunda historia involucra a otra pareja que había servido a Dios durante muchos años, y tenía varios hijos. Uno de los hijos murió repentinamente, y el hombre se resintió con Dios. Estoy segura de que sus pensamientos eran algo como: "Dios, te he servido fielmente todos estos años, y no entiendo por qué dejaste que esto sucediera. ¿Por qué no nos protegiste? ¿Cómo pudiste decepcionarnos tanto? No merecemos esto, Dios".

Esta clase de pensamientos continuó hasta que el hombre se amargó y se enojo tanto, que comenzó a afectar su vida como un cáncer. Finalmente, se divorció de su esposa y continuó con una vida de pecado, sin querer tener nada que ver con Dios.

Las cosas lamentables también pueden llegar a su vida. Usted no puede tener control sobre cada circunstancia u ofensa que viene hacia usted, pero sí puede controlar su respuesta.

Elija el perdón, elija la vida

La Palabra de Dios dice: "Te he dado a elegir entre la vida y la muerte... elige, pues, la vida" (Deuteronomio 30:19). Cuando nos encontramos con una ofensa o una circunstancia que produce muerte en nuestra vida —física, espiritual o emocionalmente— la única solución sensata es elegir la vida. Si no elegimos la vida, la muerte continúa esparciéndose hasta que roba nuestra paz, gozo, esperanza, salud y relaciones personales.

Cada vez que nos hieren, nos ofenden, nos defraudan o hasta nos aplastan —y hay muchos momentos así en la vida— debemos elegir cómo vamos a responder. ¿Continuaremos con el enojo y el resentimiento, y elegiremos la muerte? ¿O resistiremos al enojo y ofreceremos perdón, y elegiremos la vida?

Si no ha sido capaz de perdonar a la persona que lo hirió seriamente, puede ser porque ha permitido que el enemigo lo engañe para hacerle creer que no puede perdonarlos. Haga diariamente esta afirmación: Yo puedo y quiero perdonar a _____ por herirme. Puedo hacerlo, porque el Espíritu de Dios está en mí y me capacita para perdonar.

La iglesia está llena de creyentes incrédulos. Nos llamamos creyentes a nosotros mismos, pero no creemos que podemos hacer las cosas que sabemos que deberíamos hacer. Adopte un enfoque más positivo y sea más decidido contra las ofensas. Sea rápido en perdonar. Sea generoso en perdonar. Recuerde cuánto le perdona Dios a usted todos los días. Haga del perdón un estilo de vida eligiendo confiar en Él en las cosas que no comprende. Elija la vida.

CAPÍTULO 8

Resumen y reflexión

El perdón es el extinguidor de fuego que sofoca las llamas del conflicto que, de lo contrario, podría consumir nuestra vida y destruir nuestras relaciones. Aprender a perdonar rápidamente es una clave para combatir los conflictos. Pablo escribe: "De modo que se toleren unos a otros y se perdonen si alguno tiene queja contra otro. Así como el Señor los perdonó, perdonen también ustedes" (Colosenses 3:13).

1. Según lo que leyó en este capítulo, ¿por qué es importante perdonar? ¿De qué manera nos beneficia perdonar rápidamente?

_____

_____

2. ¿Hay en su vida personas a quienes quizás usted deba perdonar? ¿Quiénes son y cuál es la ofensa que le hicieron? Recuerde que si pensar en una persona en particular hace que su sangre hierva eso es una indicación segura de que está albergando falta de perdón hacia ella.

_____

_____

3. ¿De qué manera perdonar a estas personas podría cambiar su vida y sus relaciones?

_____

_____

_____

4. Aunque podemos negarlo, muchos de nosotros estamos enojados con Dios. Fuimos creados para recibir amor de parte de Dios y responderle con nuestro amor hacia Él. Sin embargo, la raíz de muchos de nuestros problemas emocionales proviene del enojo escondido o reprimido hacia Dios. Este enojo también es la causa de una actitud amarga hacia la vida. En oración, pídale al Espíritu Santo que le muestre cualquier enojo o dolor escondido hacia Dios que usted haya sepultado en su interior. Anote lo que el Espíritu Santo le revele sobre cómo se siente con Dios.

_____

_____

5. Cada vez que somos heridos, ofendidos, defraudados o hasta aplastados —y hay muchos momentos así en la vida— debemos elegir cómo vamos a responder. Escriba acerca de una ocasión en la que eligió mantener el enojo y el resentimiento. ¿De qué manera eso fue elegir la "muerte"? Ahora escriba sobre una ocasión en que eligió perdonar. ¿De qué manera eso significó elegir la vida?

_____

_____

6. ¿Puede entregarle a Dios su herida, su enojo, su decepción, su sensación de haber sido traicionado por otros y por Él? ¿Confiará en Él para que sea su justicia? Redacte una oración entregándole a Dios sus sentimientos y estas relaciones, y expresando su compromiso de hacer del perdón un estilo de vida.

_____

_____

Amado Señor, confío en ti para tener tu justicia en mi vida. En este momento, elijo dejar ir mi necesidad de buscar justicia por mí mismo. Perdono a todos los que me han ofendido, incluyendo a (diga sus nombres). Los libero ahora en el nombre de Jesús. Hoy, vuelvo a entregarte toda mi vida a ti. No comprendo todas las circunstancias de mi vida, y tal vez nunca las entenderé mientras viva aquí en la tierra. Señor, aunque a veces es difícil elegir confiar en ti, aunque no entiendo del todo, rindo mi vida a ti. Gracias por amarme y guardarme hasta ese día en que conoceré completamente como soy conocido, como dice la Biblia en 1 Corintios 13:12.

Discrepar amablemente
y enfatizar lo positivo

No es fácil aprender a evitar el conflicto y tener relaciones armoniosas. Después de todo, hay algunas personas con quienes es difícil llevarse bien. Sin embargo, es vital que tengamos relaciones pacíficas con todas las personas en nuestra vida. Dios no nos sugiere que evitemos el conflicto, nos lo ordena: "Y un siervo del Señor no debe andar peleando, más bien, debe ser amable con todos, capaz de enseñar y no propenso a irritarse" (2 Timoteo 2:24).

Todo lo que Dios nos manda que hagamos es para nuestro bien. Cuando lo recuerdo, eso me ayuda a seguir adelante con obediencia en las relaciones difíciles.

Una de las razones por las que las personas tienen problemas en sus relaciones es que no se han decidido a resistir al conflicto. O resisten a veces, pero no están dispuestas a resistirlo todo el tiempo. O creen que la única manera de llevarse bien con otra persona es convertirse en un felpudo, de modo que nunca dan una opinión ni dejan saber a los demás cómo se sienten cuando discrepan. Consecuentemente, suelen acabar enojados y resentidos.

Quiero repetírmelo a mí misma para asegurarme de que lo he entendido cabalmente. *Mantenerse sin entrar en conflicto es un proceso continuo en toda relación.* Debemos confrontar el conflicto, sacarlo a la luz, hablar de él, y tratar de arribar a un acuerdo de paz. Aunque por cierto no es fácil vivir en paz con los demás, sé por experiencia que es posible. En este capítulo, voy a compartir con usted los siguientes principios para saber cómo resistir al conflicto y disfrutar de relaciones pacíficas con los demás.

- ► Aprender a discrepar amablemente.
- ► Enfatizar lo positivo.
- ► Aceptarse el uno al otro tal como es. Veamos cada uno de ellos.

Aprender a discrepar amablemente

La falta de comunicación es la causa número uno de muchos de los problemas relacionales, incluyendo el divorcio y hasta el adulterio. Muchas veces, las personas tratan de conversar las cosas, pero inmediatamente acaban peleándose, porque discrepan en algo y no saben cómo hablar adecuadamente al respecto. Después de algunos años, dejan de tratar de comunicarse y los problemas de su relación se acrecientan.

Mantenerse sin entrar en conflicto es un
proceso continuo en toda relación.

Muchos de los desafíos en mi relación matrimonial con Dave tenían que ver con nuestra incapacidad para comunicarnos el uno con el otro de una manera piadosa. Tenemos personalidades muy diferentes, y, a menudo, vemos las cosas desde dos ángulos totalmente distintos. Soy una persona verbal, fuerte. A lo largo de los años, mi boca me ha metido en un montón de problemas, porque siempre tenía que tener el control para que nadie sacara ventaja de mí o me mangoneara, como lo había hecho mi padre mientras yo crecía.

Cuando éramos recién casados, Dave era más pasivo que yo y menos inclinado a confrontarme. Luego, después de darme algunos años para que creciera en Dios y superara parcialmente mi pasado, el Espíritu Santo comenzó a guiar a Dave para que me confrontara más en vez de meramente dejar que me saliera con la mía. Me disgustaba tanto que sentía que quería huir de todo eso. Muy en lo profundo sabía lo que Dios estaba tratando de hacer, y parte de mí deseaba sinceramente que lo hiciera, pero otra parte de mí (mi carne) quería gritar y escapar.

Cuando el Señor comenzó a enseñarme sobre vivir en armonía, no podía entender cómo podías estar de acuerdo con alguien con quien tienes diferentes opiniones. Mantener mi boca cerrada no parecía ser una opción para mí. El diablo me decía una y otra vez: "Si haces esto, te transformarás en una alfombra sobre el cual caminará todo el mundo".

Cuando estudié por primera vez las escrituras sobre la sumisión, y cómo una esposa debe someterse y adaptarse a su esposo, fue casi más de lo que podía resistir. Luego, cuando por fin crecí en mi caminar con Dios, al punto de desear ser sumisa con Dave, mi respuesta inicial fue irme al extremo opuesto. Aunque previamente tenía algo para decir acerca de todo, comencé a sentir que no podía decir nada en absoluto. Si Dave discrepaba conmigo en algo, sentía que la "sumisión" significaba que no podía verbalizar ninguna otra opinión. De lo contrario, me estaría rebelando contra mi esposo.

Esto podría no ser un gran problema si resultara que estás casado con alguien con quien estás de acuerdo la mayor parte del tiempo, pero ése no era el caso entre Dave y yo. Aunque me mantenía exteriormente tranquila, estaba carcomiéndome por dentro. Estaba tranquila, pero todavía enojada. Podía lograr estar silenciosa por un corto tiempo, pero después explotaría.

Dave continuaba presionando y confrontándome, y cuando nos sentábamos a hablar de un problema, nos dábamos cuenta de que mucho de nuestros conflictos se debían a problemas de comunicación. Me di cuenta de que *la comunicación ocurre cuando todas las partes pueden expresar lo que sienten de una manera benigna, aún cuando discrepan.*

Ambos teníamos que aprender acerca de cómo comunicarnos adecuadamente el uno con el otro. Dave no me había confrontado por años, y cuando comenzó a hacerlo, se fue demasiado fuerte. Yo no estaba acostumbrada a que me confrontaran de ningún modo, así que, naturalmente, reaccionaba exageradamente y me disgustaba cada vez que él trataba de compartir algo conmigo. Yo también tenía que aprender a dejar de manipularlo. Si discrepaba conmigo sobre algún asunto, trataba de lograr que viera las cosas a mi manera. Dave podía entender mi manipulación, y empezaba a decir: "Deja de tratar de convencerme, Joyce. Si estoy equivocado, deja que Dios me convenza. Si tú te equivocas, dejaré que Dios te convenza".

Necesitábamos equilibrio, y aprender cómo discrepar amablemente. Esto es lo que he aprendido sobre cómo discrepar de esa manera:

► **Mostrar respeto el uno al otro.** Mostrar respeto en nuestras actitudes, tonos de voz, expresiones faciales y lenguaje corporal ha sido para nosotros la clave en aprender cómo discrepar de manera agradable. Si dejo escapar un profundo suspiro cuando Dave trata de compartir algo conmigo, para él es obvio que considero que no vale la pena escuchar lo que está diciendo. Eso significa: "Ya me he decidido, y realmente no tengo interés en oír lo que tengas que decir".

A la mayoría de las personas, no les molesta que tengas una opinión diferente de la suya siempre y cuando no les hagas sentir que su opinión es ridícula o carente de valor. Hay una manera sabia de hablar con las personas, y otra manera que no lo es.

▶ **Dejarlo por un tiempo.** Si seguimos discrepando después de permitir que cada uno diga lo que piensa o siente, dejamos de hablar y esperamos para ver lo que Dios hace.

▶ **Ser paciente.** Puede observar que sigo diciendo: "Aprendí", "aprendimos", "estoy aprendiendo" o "estamos aprendiendo". Ser un pacificador es una decisión, y después es un proceso de aprendizaje. No se desanime cuando decide abstenerse de conflictos y problemas y, luego, cada tanto, vuelve a caer en las antiguas actitudes. Sólo esté decidido a aprender. El Espíritu Santo es su maestro personal. Cada relación es diferente, y el Espíritu Santo caminará con usted a través de cada situación especial mientras usted confíe en Él.

Erigí muchos muros que ni siquiera sabía que estaban allí. Muchas de mis reacciones se basaban en situaciones pasadas. Dave no tenía nada que ver con mis heridas del pasado, pero mi percepción se veía afectada por los años de abuso y control. Yo todavía tenía muchas cuestiones con las que me era necesario tratar para poder llegar a disfrutar de libertad completa. Obviamente, no se podían tratar todos a la vez. El Espíritu Santo nos guía según lo que considera mejor. Cruzaremos victoriosos la línea de llegada si nos atenemos al programa.

► **Busque una respuesta con la que ambas partes puedan estar satisfechas.** Permítame darle un ejemplo específico. Cuando Dave y yo salimos a comprar muebles para la casa, a menudo nos gustan dos cosas diferentes. Algunos hombres no tienen interés en ayudar a decorar su hogar, pero Dave tiene opiniones definidas sobre lo que le gusta. Yo también. Pero nuestros gustos decorativos son muy diferentes. Cuando tratábamos de comprar muebles, nos encontrábamos peleando cuando llevábamos veinte minutos en la primera tienda. Cuando volvíamos a casa, yo estaba exhausta.

Con el tiempo, me di cuenta de que mi opinión no es más correcta que la de mi esposo. Por lo tanto, acordamos continuar buscando hasta que encontráramos algo que nos gustase a ambos. Muchas veces, el uno o el otro tenía que renunciar a cosas que quería a fin de poder encontrar algo que ambos pudiéramos disfrutar. A veces, nos dábamos por vencidos, nos íbamos a casa y volvíamos a intentarlo otro día.

► **Habituarse a ceder.** Andar en amor significa renunciar al derecho a tener razón. Dave y yo "cedemos" regularmente de una manera equilibrada. En otras palabras, no me salgo con la mía todo el tiempo, ni él tampoco. Ambos estamos dispuestos a seguir la guía del Espíritu Santo con respecto a quién tiene que ceder esa vez.

Esto no es fácil porque, como todos, Dave y yo hemos nacido con una generosa porción de egoísmo. Naturalmente, buscamos lo que es mejor para nosotros mismos, no lo que es mejor para la otra persona. Ceder requiere humildad. Hacerlo con buena disposición es un signo de madurez. Si yo cedo y dejo que Dave se salga con la suya, pero paso el día lamentándome por mí, ¿qué provecho obtengo? ¡Absolutamente ninguno!

Ha habido momentos en que Dios me guió a pedirle perdón a Dave cuando había fricción entre nosotros, pero me rehusaba porque yo había pedido perdón la última vez. Estaba dispuesta a actuar a mi turno, pero no a dejar el legalismo. Quería asegurarme de que no sacaran ventaja de mí, y por lo tanto, llevaba mentalmente una lista de quién se había salido con la suya la última vez. Tuve que aprender a no llevar un registro literal de quién lo había hecho la última vez.

Si dos personas están dispuestas a turnarse y ceder la una a la otra, la relación se beneficiará.

Usted tendrá que aprender su propia manera de discrepar amablemente, porque todas las situaciones son únicas. Todas las personas son únicas. Si usted es un creyente en relación con un no creyente, Dios puede pedirle que ceda con mayor frecuencia simplemente porque usted tiene en su corazón suficiente de la Palabra de Dios para capacitarlo para hacerlo. Las personas que no tienen conocimiento de la Palabra de Dios son guiadas por sentimientos y pensamientos. La gente que esta cimentada en la Palabra de Dios sabe que los sentimientos y pensamientos conducen al desastre.

Otra manera de disfrutar de relaciones armoniosas es aprender a enfocarse en las virtudes de una persona en vez de hacerlo en sus defectos. En realidad, si más parejas aprendieran a hacer esto, habría mucho menos divorcios.

Enfatizar lo positivo

Amo mucho a mi esposo. Pero por años llevaba mentalmente una lista de cada falla que mostraba. Yo era una persona muy negativa, y buscaba las fallas y rasgos negativos de la gente. Me sentía tan mal conmigo misma que trataba de encontrar muchas cosas malas en los demás para poder sentirme mejor.

Cuando enfatizamos verbalmente los
aspectos positivos de las personas,
las edificamos y las animamos.

Una de las fallas que encontré en Dave era que jugaba golf todos los sábados. Pensaba que era sumamente egoísta al no darse cuenta de que me resultaba muy difícil estar en casa toda la semana con mis hijos, sin oportunidad de ir a ninguna parte. Teníamos un solo auto, y él se lo llevaba al trabajo.

Me sentía atrapada entre los límites del radio de tres calles en el cual podía caminar. Sin embargo, en esas tres calles había una panadería, una tienda de comestibles, un salón de belleza, y un baratillo (como se llamaban entonces). Aún no tenía la suficiente inteligencia espiritual para darme cuenta de que Dios me había bendecido con la ventaja de tener todos esos lugares a una distancia que podía recorrer a pie.

Nunca consideré que Dave trabajaba toda la semana, que toda su vida le habían encantado los deportes, y que jugar golf los sábados era muy importante para él. Traté de hacer que dejara de jugar. Estaba enojada casi todos los sábados, lo cual solamente le daba más ganas de ir a jugar. Traté de ponerlo bajo la "ley", e hizo que él quisiera estar fuera todo lo posible. Los patrones de la ley sólo aumentan nuestros problemas, no los pueden resolver.

También, me quejaba de que Dave no hablaba conmigo lo suficiente, que holgazaneaba demasiado, no era lo suficientemente serio ni dinámico. La lista que llevaba de sus faltas seguía y seguía.

Resumiendo, buscaba todo lo negativo y pasaba por alto todas sus características positivas. Estaba tan ocupada meditando en sus faltas y tratando de corregirlas, que ni siquiera me daba cuenta de qué bendición tenía en mi vida.

Cuando por fin Dios me enseñó —después de muchos años de estar amargada— a enfatizar lo bueno en la vida de las personas, ¡fue asombroso cuántas estupendas cualidades descubrí en mi esposo! Por supuesto, esas cualidades habían estado siempre allí. Podría haberlas disfrutado todos esos años.

Descubrí que Dave es flexible y adaptable. Es muy fácil llevarse bien con él. No es exigente en absoluto. Está dispuesto a comer casi cualquier cosa. No le importa si lo alimento con sándwiches fríos o una comida caliente. Me permite comprarme cualquier cosa para lo cual tengamos suficiente dinero. En cualquier momento que quiero invitar a alguien a venir a casa, para él está bien. Si quiero salir a cenar afuera, está bien. Yo puedo elegir el restaurante.

Dave también se cuida muy bien físicamente. Luce muy similar a como se veía cuando nos casamos, excepto que mayor. La lista de sus virtudes es muy extensa, más larga que la lista que yo llevaba de sus cualidades negativas.

¿Se está concentrando en las faltas una persona cuando podría estar enfatizando los rasgos buenos que tiene? Sea positivo con la gente con quien se relaciona. Si sembramos misericordia, cosecharemos misericordia. (Vea Mateo 5:7.) ¿Desea que se aplique misericordia a sus debilidades y faltas? Si es así, sea abundante en misericordia.

Todos tenemos fallas, y si se enfatizan, esas fallas se tornan más grandes de lo que realmente son. Pero cuando enfatizamos los rasgos buenos de las personas, se vuelven más grandes que las cosas que nos irritan.

Hoy en día, si alguien me preguntara cuáles eran las fallas de mi esposo, tendría que pensar mucho para encontrar alguna. Nadie es perfecto, y Dave tiene algunas fallas, pero ya no les presto mucha atención, por lo que me resulta difícil recordarlas.

Me esfuerzo no sólo para pensar en las virtudes de Dave, sino también para alabárselas. Cuando enfatizamos verbalmente los aspectos positivos de las personas, las edificamos y las animamos. Les ayudamos a ser lo mejor que pueden ser. Sacamos a luz lo mejor de ellos enfatizando lo mejor.

Pablo hacía esto con regularidad cuando escribía a las diversas iglesias. Aun cuando las corregía, también las elogiaba por lo que estaban haciendo bien. Conocía el arte de corregir a las personas sin ofenderlas. Esperaba lo mejor de ellas, y así las inspiraba a vivir de esa manera.

Vemos un ejemplo de cómo hacía esto en la manera en que animó a la iglesia de los corintios a dar. En su carta para ellos, escribió: "No hace falta que les escriba acerca esta ayuda para los santos, porque conozco la buena disposición que ustedes tienen. Esto lo he comentado con orgullo entre los macedonios, diciéndoles que desde el año pasado ustedes los de Acaya estaban preparados para dar. El entusiasmo de ustedes ha servido de estímulo a la mayoría de ellos. Con todo, les envío a estos hermanos para que en este asunto no resulte vano nuestro orgullo por ustedes, sino que estén preparados, como ya he dicho que lo estarían, no sea que algunos macedonios vayan conmigo y los encuentren desprevenidos. En ese caso nosotros —por no decir nada de ustedes— nos avergonzaríamos por haber estado tan seguros. Así que me pareció necesario rogar a estos hermanos que se adelantaran a visitarlos y completaran los preparativos para esa generosa colecta que ustedes habían prometido. Entonces estará lista como una ofrenda generosa, y no como una tacañería" (2 Corintios 9:1-5).

Pablo animaba a la iglesia de Corinto sin dar la impresión de estarlos acusando o dudando de ellos. Les decía que sabía que estaban listos para dar, y lo habían estado por mucho tiempo. Dice que está orgulloso de ellos, y que serán un testimonio para otras personas. Les hace un poco de propaganda antes de decirles que está enviando a alguien para estar seguro de que la ofrenda se prepare como habían planeado.

Qué diferencia hace en nuestras relaciones que enfaticemos y pongamos de manifiesto lo positivo de la gente. No sólo ayuda a los demás a mejorar, también nos ayuda a nosotros a que los disfrutemos más, tal como son.

Así también será con el próximo punto.

Aceptarse el uno al otro como son

Otra área de conflicto para Dave y para mí tenía que ver con nuestro ministerio. Dave a menudo sentía que yo iba "corriendo delante de Dios". Le dije que su ministerio era "esperar en Dios". Por supuesto, lo dije con sarcasmo y lenguaje corporal irrespetuoso. Una vez que creía haber oído algo de Dios, ¡ya quería ir por ello! Dave quería que esperara un poco y me asegurase de que era Dios.

Hace un par de años, Dave tuvo una visión de lo que él y yo parecíamos en aquel entonces. Me vio como una yunta de caballos salvajes, y él llevaba las riendas, tratando de contenerme y encauzarme. Él no trataba de evitar el cumplimiento del llamado en mi vida, pero no quería que me metiera en problemas.

Ambos estábamos equivocados. A veces, yo me movía demasiado rápido, y él demasiado lento. Por esa razón, nos necesitamos el uno al otro. Dios suele colocarnos con personas que no son como nosotros para poder equilibrarnos mutuamente.

Dave y yo teníamos muchas peleas con respecto a los deportes. Le encantaba toda clase de deportes, y yo no disfrutaba ninguno de ellos. Su amor por el deporte, y mi falta de amor por ellos, causaba mucho desacuerdo en nuestra casa.

Un día, en mitad de una riña verbal, Dave me miró y dijo: "Joyce, estoy haciendo las cosas lo mejor que puedo".

"Bueno, yo también", respondí.

Al final, estábamos francamente cansados de picotearnos uno al otro todo el tiempo y de discutir. En verdad nos dimos la mano. "Dave", dije, "quiero que sepas que te acepto hoy tal como eres. Creo que estás haciendo lo mejor que puedes".

"Joyce, te acepto hoy tal como eres", respondió Dave, "y creo que también estás haciendo lo mejor que puedes".

¡Ése fue un nuevo comienzo para ambos! Finalmente, comenzamos a darnos el uno al otro libertad para ser quienes somos.

Las personas necesitan libertad para crecer. Pero Dios no puede cambiar a una persona si nosotros nos ponemos en su camino. Dios no podía hablarle a Dave, porque yo estaba demasiado ocupada hablándole. Dios no podía cambiarlo, porque yo estaba tratando de cambiarlo. Dios necesitaba mi fe, no mi ayuda. Deje libres a las personas que están en su vida, y confíe en que Dios hará los cambios que sean necesarios.

Debemos hacer todo lo posible para que una relación funcione, especialmente en el matrimonio. Pero ¿qué hace si alguien no quiere relacionarse con usted de ninguna manera?

¿Y qué si no pueden llevarse bien?

Sabemos por las Escrituras que Dios detesta el divorcio. (Vea Malaquías 2:14-16.) Los esposos y las esposas tienen que estar unidos, no separados. Y, sin embargo, mire estos versículos en Corintios: "Y si una mujer tiene un esposo que no es creyente, y él consiente en vivir con ella, que no se divorcie de él. Porque el esposo no creyente ha sido santificado por la unión con su esposa, y la esposa no creyente ha sido santificada por la unión con su esposo creyente. Si así no fuera, sus hijos serían impuros, mientras que, de hecho, son santos. Sin embargo, si el cónyuge no creyente decide separarse, no se lo impidan. En tales circunstancias, el cónyuge creyente queda sin obligación; Dios nos ha llamado a vivir en paz" (1 Corintios 7:13-15). Creo que esta afirmación es asombrosa. Sabemos que el Señor no desea que ningún matrimonio acabe en el divorcio. Sin embargo Pablo, hablando inspirado por Dios, dice que si un cónyuge inconverso no desea la relación, y él o ella se va, dejemos que esa persona se vaya, porque es muy importante que vivamos en paz. Tratar de obligar a una persona a permanecer en un matrimonio cuando esa persona realmente no lo desea, solamente traerá más tensión y conflicto a la relación.

Quiero ser muy clara. No estoy recomendando que las parejas casadas se separen si encuentran dificultad para llevarse bien. El pasaje de 1 Corintios 7 dice que si el "inconverso" desea dejar el matrimonio, debemos permitirlo.

Por otro lado, en algunas relaciones problemáticas un tiempo de separación podría ser necesario, particularmente si la relación es con un amigo o un compañero de ministerio o de negocios en vez de un cónyuge. Cuando Pablo y Bernabé afrontaron algunas dificultades en su relación ministerial, decidieron ir por caminos separados, a fin de mantener la paz entre ellos. Esto es lo que ocurrió.

"Algún tiempo después, Pablo le dijo a Bernabé: 'Volvamos a visitar a los creyentes en todas las ciudades en donde hemos anunciado la palabra del Señor, y veamos cómo están'. Resulta que Bernabé quería llevar con ellos a Juan Marcos, pero a Pablo no le pareció prudente llevarlo, porque los había abandonado en Panfilia y no había seguido con ellos en el trabajo. Se produjo entre ellos un conflicto tan serio que acabaron por separarse. Bernabé se llevó a Marcos y se embarcó rumbo a Chipre, mientras que Pablo escogió a Silas. Después de que los hermanos lo encomendaron a la gracia del Señor, Pablo partió y viajó por Siria y Cilicia, consolidando a las iglesias" (Hechos 15:36-41).

Pablo y Bernabé estaban experimentando en su relación los mismos problemas que la gente experimenta hoy. Bernabé quería darle un empleo a su pariente, Marcos; Pablo ya había tenido una experiencia con Marcos y sentía que no sería prudente llevarlo. Un "serio" desacuerdo creció entre ambos (v.39).

Ser un pacificador es una decisión.

Aparentemente, era tan serio que consideraron necesario separarse el uno del otro. Habría sido mucho mejor si hubieran podido resolver sus diferencias y continuar traba-jando juntos, pero dado que eso era imposible, lo mejor que podían hacer era conti-nuar por caminos separados. Quizás debamos hacer lo mismo si no podemos resolver nuestras diferencias con amigos cercanos o asociados en los negocios o el ministerio.

Pero, ¿y si usted está casada con otro cristiano, y ha intentado todo lo que sabe para hacer que las cosas se resuelvan, y siguen sin poder llevarse bien? Un tiempo de separación es más deseable que un divorcio. Tal vez, durante el tiempo de separación, ambas partes puedan ver las cosas con mayor claridad. Esto ocurre con frecuencia. La gente necesita tiempo para aclarar su mente, calmar sus emociones exaltadas y tranquilizarse lo suficiente para oír al Señor. Tienen tiempo para preguntarle a Dios lo que Él desea que hagan en esa situación.

A veces, nos quedamos mirando fijamente los defectos de una persona tanto tiempo, que ya no podemos ver las virtudes que tiene. Un tiempo lejos de esa persona, como pasar una semana en la casa de un pariente en otro estado, puede ayudarnos a ver las cosas buenas de una persona que se nos escapan cuando él o ella están siempre presentes. Usted conoce el viejo refrán: "Nunca sabes lo que tienes hasta que lo pierdes".

El balance final

Jesús es el Rey de Paz. Él dijo: "Dichosos los que trabajan por la paz, porque serán llamados hijos de Dios" (Mateo 5:9). Quizás usted esté más familiarizado con la versión Reina-Valera: "Bienaventurados los pacificadores, porque ellos serán llamados hijos de Dios" (Mateo 5:9).

Ser un pacificador es una decisión. Si vamos a disfrutar sus bendiciones, debemos decidir vivir en paz con los demás. Debemos aprender cómo discrepar amablemente, enfatizar lo positivo, y aceptarnos unos a otros. Como veremos en el siguiente capítulo, este último punto es todavía más importante cuando se trata de cómo nos relacionamos con nuestros hijos.

CAPÍTULO 9

Resumen y reflexión

Vivir en paz con los demás suele ser un desafío. El diablo tratará, en lo posible, de socavar con conflictos cada una de nuestras relaciones. Usted no siempre puede evitar los conflictos. A veces debe confrontarlos, sacarlos a la luz, y tratar de llegar a acuerdos de paz.

El apóstol Pablo hace una declaración poderosa en 1 Corintios 7:15: "Dios nos ha llamado a vivir en paz". Si la paz es la voluntad de Dios para nuestras vidas, Él puede sanar nuestras relaciones y hacer que la paz sea posible.

1. Haga una lista de las relaciones que en su vida han sido atacadas por conflictos y contiendas.

_____

_____

2. Es posible que usted tenga culpa —al menos parcialmente— de los problemas que haya en algunas de sus relaciones. Sin embargo, también es posible que haya sido tratado injustamente por el conflicto de otro. Piense cuidadosamente y en oración acerca de las causas de conflicto en estas relaciones. Anote la verdad difícil de afrontar que ha descubierto.

_____

_____

3. Piense en algún desacuerdo reciente que tuvo con alguien. Luego considere con oración los principios para discrepar amablemente, que se enumeran a continuación. ¿Cuál de estos principios podría haber aplicado en esa situación, para mantener la paz con esa persona? Explíquelo.

Mostrarse respeto el uno al otro.

_____

_____

Dejarlo por un tiempo.

_____

_____

Ser paciente.

_____

_____

Buscar una respuesta con la que ambas partes puedan quedar satisfechas.

_____

_____

Ceder habitualmente.

_____

_____

4. Enfatizar las características positivas de una persona es una buena manera de construir puentes para las relaciones. Enumere algunas de las características positivas de una persona con quien ha experimentado conflicto.

_____

_____

5. Describa una situación en la que se sintió responsable por cambiar las opiniones de otro. ¿Cuál fue el resultado? Ahora suponga que puede reescribir la historia. Describa la situación que acaba de mencionar, solamente cambie los detalles de modo de respetar y honrar la opinión del otro, aunque todavía siga manteniendo sus propios sentimientos y opiniones.

_____

_____

6. A veces miramos tanto las fallas de una persona que ya no vemos sus aspectos positivos. ¿Existe en su vida una relación (no matrimonial) que está a punto de quebrarse? Pase tiempo en oración pidiendo al Espíritu Santo que le dé comprensión para saber manejar la división. Escriba acerca de cómo siente que Dios le está guiando a tratar con esta situación.

_____

_____

Amado Señor, me comprometo a dar libertad a los demás para sostener sus propias opiniones y tomar sus propias decisiones. Confío en Ti para que moldees y formes a los demás como las personas que Tú deseas que sean. Ayúdame a ser un pacificador en mis actitudes, lenguaje corporal, y expresiones faciales. Por favor dame gracia para ser misericordioso y positivo en todas mis relaciones. Si algunas de mis relaciones se hallan a punto de romperse, muéstrame cómo podría lograr una perspectiva nueva de las personas involucradas. Ayúdame a ver lo positivo en todos los que me rodean, y a hablar de una manera positiva, incluso cuando debo dar corrección. Gracias, Señor.

Aceptar a nuestros hijos por ser quienes son

prendí de la manera difícil que para que los padres tengan relaciones armoniosas y positivas con sus hijos, es absolutamente esencial que los aceptemos por ser quienes son y no tratemos de cambiarlos.

Dave y yo tenemos cuatro hijos. Dos me resultaron fáciles de criar; con los otros dos me fue un poco difícil. Aunque usted piense que debería ser fácil congeniar con un hijo que sea como usted, sé por experiencia que puede ser tan difícil como congeniar con un hijo que es muy diferente de usted. Muchos padres que tienen un hijo que es exactamente como ellos, a menudo ven en ese hijo todas las debilidades que les disgustan de sí mismos. Eso me sucedió con mi hijo mayor. También tuve diversas luchas con mi hija mayor. Sin embargo, ella es en cierta forma mi opuesto, y la juzgaba por las debilidades que ella tenía y que yo no.

Si los padres queremos tener relaciones armoniosas con nuestros hijos, debemos ser capaces de hacer una distinción entre sus flaquezas y su persona. De lo contrario, podemos acabar rechazando a nuestros propios hijos, lo que engendra rebelión y toda clase de conflictos.

No siempre comprendí esto, e hice todo lo que pude para cambiar las cosas con estos dos hijos. No resultó. En realidad, sólo empeoró las cosas y a uno de ellos lo alejó de mí por algún tiempo. Permítame contarle lo que hice para provocar conflicto en los corazones de mis hijos —así como lo que hice después para resistirlo y traerles salud— con la esperanza de ayudarle a evitar que usted cometa los mismos errores con sus hijos. Si ya está experimentando el dolor de una relación dañada, espero que este capítulo lo inspire a tomar la decisión de ofrecerles a sus hijos el perdón y el amor que necesitan de usted.

Aprender a aceptar a David

Tanto mi hijo David como yo tenemos personalidades fuertes, que "se hacen cargo de", estábamos tratando de "hacernos cargo" el uno del otro. Deseaba que él hiciera lo que yo quería que hiciera. Él quería hacer lo que él quería. Y deseaba que yo hiciera lo que él quería. Aún desde muy pequeño, insistía en que me sentara a jugar con él, porque no quería jugar sólo. Siempre sentí, de una manera vaga, que David estaba tratando de controlarme. Cuando creció, el problema aumentó. Continuamente percibía una lucha entre nosotros y realmente nunca entendía qué estaba sucediendo.

Amaba a mi hijo, pero para ser sincera, no me agradaba, y me sentía terriblemente culpable por eso. Sé que muchas de las personas que leen este libro han experimentado lo mismo. Sabemos que debemos amar y aceptar a nuestro propio hijo. Cuando eso parece imposible, la culpa comienza a acusarnos. Después, me di cuenta de que la razón por la que David me desagradaba tenía que ver conmigo y no con él. Yo no me agradaba, así que, por supuesto, tampoco me agradaba él, ya que se parecía tanto a mí.

Aunque tengo una personalidad fuerte, no disfrutaba estar con ningún otro que fuera así. Quería tener el control, no ser controlada. Si hubiera entendido esto cuando David era pequeño, podría haberle ayudado a ser firme de una manera positiva. Pero como no lo entendía, solamente exacerbaba esta debilidad de su temperamento. Él y yo vivíamos en continuo conflicto, y eso puso mucha presión tanto sobre él como sobre mí.

Los hijos pueden percibir cuando un padre no está contento con ellos. David sabía muy dentro de sí que no me agradaba, y se sentía rechazado. Yo no le daba libertad para ser quien era. Como hice con muchas personas, estaba tratando de transformarlo en lo que a mí me habría gustado que fuera.

El libro de Proverbios advierte a los padres sobre esto. Dice: "Instruye al joven según sus disposiciones, que luego, de viejo, no se apartará de ellas" (Proverbios 22:6, BJ, 1ª Ed.).

He aprendido mucho de ese versículo tal como lo traduce la Biblia de Jerusalén. No dice: "Instruye al niño de la manera en que te gustaría que anduviera". Afirma que debemos instruir a nuestros hijos de acuerdo con sus propias disposiciones o inclinaciones individuales, según las "marcas espirituales" que vemos en nuestros hijos.

Si hubiera estado más sintonizada espiritualmente, habría reconocido que Dios había constituido a David para el liderazgo, y que le había dado a mi hijo el temperamento para eso. En vez de verlo así, todo cuanto veía era que David me incomodaba y quería cambiarlo.

David y yo tuvimos serios problemas en nuestra relación durante mucho tiempo. Pero cuanto más aprendía de la Palabra de Dios, más me daba cuenta de que no estaba manejando correctamente la situación. Recuerdo claramente cuando nuestra relación comenzó a dar un vuelco.

David tenía dieciocho años. Un día, Dios me dijo que yo tenía que perdonar a mi hijo por no satisfacer "mis" expectativas. Me dijo que yo estaba enojada con David porque él no era lo que "yo" esperaba que fuera, y que era necesario que lo perdonara por eso y lo aceptara, expresándolo verbalmente. Era necesario que hiciera saber a David que aunque no estaba de acuerdo en todo con su modo de ser, lo amaba y estaba dispuesta a aceptarlo tal cual era.

Después que perdoné a David y le dije que lo amaba y aceptaba, nuestra relación comenzó a sanar y cambiar. Al poco tiempo, Dios lo llamó para ir al Instituto Bíblico. Cuando se graduó del Instituto, se casó y pasó un año en el campo misionero de Costa Rica. Cuando él y su esposa regresaron del campo misionero, comenzó a trabajar con nosotros. Ahora, él es un líder clave de nuestro ministerio.

Después que David vino a trabajar con nosotros, él y yo tuvimos algunos serios conflictos aprendiendo a funcionar juntos adecuadamente en todos los diferentes roles: madre e hijo, jefa y empleado, a la vez que Dave y yo cumplíamos el rol de líderes espirituales en su vida.

David todavía está creciendo espiritualmente, pero según el plan de Dios. Las mismas cosas de su personalidad con las que tanto luché cuando era un niño, se han transformado en las mayores bendiciones para nosotros en su rol en nuestro ministerio. Necesitamos personas con dones de administración en quienes podamos confiar, y David es una de esas personas.

Dios también ha traído sanidad a mi relación con mi hija mayor.

Aprender a aceptar a Laura

Cuando Laura estaba creciendo, a menudo se olvidaba cosas que se suponía que tenía que hacer, y continuamente perdía sus pertenencias. Si se acordaba de hacer la tarea por la noche, podía perderla antes de llegar a la escuela por la mañana. O si la llevaba a clase y la entregaba, se olvidaba de ponerle su nombre y no recibía crédito por haber hecho el trabajo. Como resultado tenía solamente notas de regulares a mediocres en la escuela.

Cuando Laura llegaba de la escuela casi de noche, dejaba un rastro de pertenencias personales dondequiera que iba. Dejaba su abrigo en una silla, las llaves tiradas sobre una mesa, el monedero tirado en el sofá, y la mochila con libros echada en el piso de la cocina. Iba a su habitación, donde estaba todo patas arriba, se dejaba caer en medio de la cama, y empezaba a hablar por teléfono.

Yo nací con dones de organización, y siempre he sido una persona naturalmente disciplinada. Esperaba que mi hija también lo fuera. Hablaba y hablaba tratando de que Laura comprendiera. Y cuando hablar no daba resultado, gritaba y chillaba.

Después que Laura se graduó de la secundaria, vino a trabajar al Ministerio Joyce Meyer. En ese entonces, nuestras oficinas estaban ubicadas en el nivel más bajo de nuestra casa. Aunque discutimos con Laura la necesidad de desarrollar la relación empleado-empleador, rápidamente se hizo visible que su empleo iba a dar oportunidad para conflictos.

Ella era muy joven, y tenía sus propias ideas acerca de la vida y la manera en que deberían hacerse las cosas. También estaba experimentando un caso leve de rebelión. No era nada serio, pero no quería que nadie, especialmente mamá y papá, le dijeran qué hacer.

Algunas mañanas, descubría que seguía peinándose en el cuarto de baño cuando ya debería haber estado abajo trabajando. Por supuesto, sentía que tenía que decirle que debía llegar a tiempo al trabajo. El hecho de que la oficina estuviera en nuestro hogar, y que ella fuera mi hija no importaba.

Dave y yo tratamos de explicarle los principios de la excelencia. Le recordamos que teníamos que considerar a los otros empleados. Ella asentía con la cabeza. Exteriormente, su respuesta era: "Bien, haré lo que digan". Pero en su interior sentía que estábamos equivocados, y yo percibía un "trasfondo de enojo" en ella.

A veces, quería salir antes de tiempo del trabajo para ir a algún lugar con su novio, y teníamos que decirle que no. A veces, sentíamos que pasaba demasiado tiempo hablando con él por teléfono duran-te las horas de trabajo. Yo me sentía cada vez más incómoda, y empecé a preocuparme de que nuestra relación se arruinara total-mente si no se hacía algo. Había tratado de confrontar el problema, pero sólo parecía empeorarlo. ¿Qué debíamos hacer? ¿Realmente debíamos despedir a nuestra propia hija?

Cuando un hijo rechaza a sus padres, éstos
están tentados a sentirse como un absoluto
fracaso en materia de criar hijos.

Dios nos había enseñado a Dave y a mí que si manteníamos los conflictos fuera de nuestro matrimonio y ministerio, Él nos bende-ciría. Habíamos sido probados y examinados en esa área. Sabíamos que el enemigo nos estaba poniendo a prueba en nuestra relación con nuestra hija mayor. Era como si nos dijera: "Vamos a ver cuán serios son en eso de mantener fuera los conflictos".

Dave y yo hablamos y oramos sobre lo que debíamos hacer. Ambos sentimos que sería mejor para nuestra relación general con Laura que ella trabajara en otro lugar. Fuimos a ella, le comparti-mos abiertamente nuestros sentimientos, y estuvo de acuerdo.

Al poco tiempo de haber dejado de trabajar en nuestro minis-terio, Laura anunció sus planes de casarse. Ella y yo tuvimos más conflictos sobre nuestras obligaciones financieras para la boda, y nuestra relación durante los meses previos a ésta, y aún el día de la ceremonia, fue bastante fría. Aunque vivía a sólo quince minutos de nuestro hogar, rara vez la veíamos u oíamos de ella durante los primeros seis meses que vivió fuera de casa.

Una noche, mientras lloraba en mi cama, miré a David y le dije: "Laura ya no me ama". Ése era un sentimiento muy doloroso para mí, como para cualquier madre. Cuando un hijo rechaza a sus padres, éstos están tentados a sentirse como un absoluto fracaso en materia de criar hijos.

David trató de decirme que Laura cambiaría de opinión si le dábamos algún tiempo. "Sólo necesita algún tiempo sola", dijo. "Encontrará que la vida es un poco distinta de lo que ella piensa que es. Descubrirá que mamá y papá no eran tan malos después de todo."

Dave tenía razón. Después de un tiempo, Laura vino a vernos más a menudo. Teníamos mucho cuidado de no interferir en sus asuntos, porque sabíamos que era muy sensible con respecto a qué le dijéramos qué hacer. Ni siquiera le hacíamos sugerencias. Había dejado de ir a la iglesia, y estábamos preocupados, pero sabíamos que era importante que no la fastidiáramos. Como padres, es muy difícil ver a tus hijos luchar en esta área, sabiendo que si tratas de forzar el crecimiento espiritual en ellos, solamente empeorarás las cosas.

Era necesario que amáramos a nuestra hija tal cual era y dejáramos que Dios hiciera lo que debía hacer. Oramos por ella, la amamos, y esperamos. Mientras seguíamos amando a Laura y aceptándola tal como era, ella comenzó a resistirnos menos. Hasta pudimos hablarle de la necesidad de que volviera a asistir regularmente a la iglesia y dejara de distanciarse de Dios. Estuvo de acuerdo, pero no estaba lista para llevarlo a cabo.

No estoy diciendo que hicimos esto sin sufrimiento emocional. Nos fue difícil ver que Laura se mantenía lejos de la iglesia cuando nosotros estábamos en el ministerio a tiempo completo. Dios es el número uno en nuestra vida, y queríamos que fuera el número uno en su vida. Nunca dejó de creer, pero sabíamos que se buscaría problemas si no tomaba una decisión. Como cristiano, usted avanza o comienza a retroceder. No puede quedarse estancado.

Si ama a sus hijos, déjelos en libertad,
aceptándolos tal como son. Si su amor
es verdadero, volverán a usted.

El primer empleo de Laura después que dejó nuestro ministerio fue en un bufete de abogados. Se sintió descontenta después de un tiempo, y tomó otro empleo en una escuela estatal para ciegos. Siempre había disfrutado de ayudar a la gente que sufre, y sentía que sería más feliz allí. Eso la ayudó momentáneamente, porque era algo nuevo, pero después de un tiempo su insatisfacción volvió.

Cuando Laura dejó de trabajar para nosotros, le dijimos que la puerta siempre estaría abierta para recibirla de regreso, pero que tendría que hacer un compromiso espiritual con Dios. Finalmente, llegó el momento en que quiso volver a trabajar con nosotros. Sabía cómo tendría que vivir para poder trabajar para el ministerio, y creía que volver a trabajar para nosotros le ayudaría a seguir adelante. Tuvimos algunas largas charlas, y todos acordamos darle otra oportunidad.

Recientemente, celebramos el quinto aniversario de Laura en el ministerio. Todo va bien. Ella tuvo un puesto en la oficina durante cierto tiempo, y luego se presentó la oportunidad de que su esposo trabajara para nosotros como sonidista de gira. Tuvo ese puesto durante bastante tiempo antes de que lo ascendieran a organizador de giras. Tanto Laura como su esposo han hecho un excelente trabajo. Nos llevamos muy bien, y todo el mundo está feliz. Ellos, y sus dos hijos, aún nos acompañan en las giras.

Esto comenzó como una de esas situaciones en que estar demasiado cerca, ocasiona problemas. Pero todos maduramos y nos volvimos lo suficientemente prudentes para manejar las cosas. Todos pudimos volver a estar en equilibrio.

Dejar libres a nuestros hijos

Durante años, me entristecí —y entristecí a mis hijos— al esforzarme por cambiarlos. Dios ha hecho con facilidad —y en corto tiempo— lo que traté de hacer en mis hijos por años.

Por la gracia de Dios, no quebré el espíritu de David o Laura. Cuando un hijo está haciendo lo mejor, pero sus padres están continuamente insatisfechos, esto lo frustra y —a la larga— puede quebrar su espíritu. Los hijos cuyos espíritus han sido quebrados no quieren volver a hacer intentos. Pueden darse por vencidos y volverse rebeldes como un medio de defensa contra la crítica constante. Es necesario que los padres sigan el consejo de Pablo: "Y ustedes, padres, no hagan enojar a sus hijos, sino críenlos según la disciplina e instrucción del Señor" (Efesios 6:4).

El amor y la aceptación son los mayores regalos que los padres pueden dar a sus hijos. La aceptación libera a nuestros hijos para llegar a ser lo que Dios dispuso que fueran. El amor no trata de manipular para su beneficio personal. Los ayuda a vencer sus debilidades y finalmente transformarse en las preciosas criaturas que inicialmente Dios tuvo en mente. Si ama a sus hijos, déjelos en libertad, aceptándolos tal como son. Si su amor es verdadero, volverán a usted.

CAPÍTULO 10

Resumen y reflexión

La combinación de temperamentos, gustos y opiniones dentro de las familias puede ser un caldo de cultivo para conflictos, particularmente cuando los padres tratan de cambiar a un hijo. El mensaje para el hijo es: "No eres aceptable por ser quien eres", y suscita enojo y rebelión en el hijo. Por esa razón la Palabra de Dios dice: "Y ustedes, padres, no hagan enojar a sus hijos, sino críenlos según la disciplina e instrucción del Señor" (Efesios 6:4).

1. Describa los diferentes tipos de personalidades en su familia. ¿Algunos miembros de la familia son pasivos? ¿Algunos son obstinados? ¿Qué choques de caracteres causan conflicto en su familia?

_____

_____

2. ¿Qué acciones, actitudes o personalidad mantiene usted, que tienden a fomentar los conflictos familiares?

_____

_____

3. ¿Qué rasgos o debilidades de los miembros de la familia encuentra que son particularmente molestosos o difíciles de tratar y aceptar?

_____

_____

4. ¿De qué manera puede brindarles libertad a esos miembros de su familia para crecer sin hacerlos sentir rechazados? ¿Qué necesitan oír de usted para ser libres?

_____

_____

5. ¿Cae habitualmente, con ciertos miembros de la familia, en rutinas de discutir, regañar, criticar o quejarse del mismo conflicto no resuelto sin experimentar ninguna mejoría? Explíquelo.

_____

_____

_____

6. ¿Cómo podría entregarle todas esas rutinas a Dios y encontrar maneras más pacíficas de lidiar con esos conflictos?

_____

_____

Amado Padre celestial, te entrego los miembros de mi familia, y te pido tu paz en todas nuestras interacciones y conflictos. Gracias por crearnos a cada uno de nosotros con nuestras debilidades, hábitos que causan molestia y características personales diferentes. Danos la gracia para verte siempre a ti en cada persona, para aceptarnos y amarnos siempre, y para aceptarnos y amarnos a nosotros mismos, siempre. En el nombre de Jesús, amén.

PARTE III

Cómo desatar
el poder y las
bendiciones de Dios

CAPÍTULO 11

Vivir en armonía y unidad
con otros creyentes

La iglesia de hechos tenía gran poder espiritual. ¿Por qué? "Y perseverando unánimes cada día en el templo, y partiendo el pan en las casas, comían juntos con alegría y sencillez de corazón" (Hechos 2:46, RV60). Estos creyentes tenían la misma visión, el mismo objetivo, y todos avanzaban hacia el mismo blanco. "Cuando lo oyeron, alzaron unánimes la voz en oración a Dios" (Hechos 4:24). Oraban unánimes (Hechos 4:24), vivían en armonía (Hechos 2:44), se preocupaban unos por otros (Hechos 2:46), satisfacían mutuamente sus necesidades (Hechos 4:34) y vivían una vida de fe (Hechos 4:31). La iglesia primitiva tal como se describe en Hechos vivía en unidad, y como resultado, ellos operaban con gran poder.

Pero cuando la iglesia comenzó a dividirse en varias facciones con diferentes opiniones, el poder de la iglesia menguó. La gente que no fue capaz de permanecer en armonía por causa del orgullo y otros problemas relacionados, hizo que la iglesia se dividiera en muchos grupos distintos.

Sin embargo, el apóstol Pablo dijo a la iglesia de Corinto que debían llevarse bien los unos con los otros si querían recibir las bendiciones prometidas por Dios. Él escribió: "Fiel es Dios, quien los ha llamado a tener comunión con su Hijo Jesucristo, nuestro Señor. Les suplico, hermanos, en el nombre de nuestro Señor Jesucristo, que todos vivan en armonía y que no haya divisiones entre ustedes, sino que se mantengan unidos en un mismo pensar y en un mismo propósito. Digo esto, hermanos míos, porque algunos de la familia de Cloé me han informado que hay rivalidades entre ustedes" (1 Corintios 1:9-11).

Los creyentes de la iglesia de Corinto eran gente como nosotros, gente en relación mutua, que se peleaba por cosas triviales que deberían haber dejado de lado. Leamos lo que dice 1 Corintios 1:12: "Me refiero a que unos dicen: 'Yo sigo a Pablo'; otros afirman: 'Yo, a Apolos'; otros: 'Yo, a Cefas'; y otros: 'Yo, a Cristo'".

Suena como si en las peleas de hoy sólo hubieran cambiado los nombres. Hoy oímos: "Soy católico, soy luterano, soy bautista, soy pentecostal o carismático".

Continúe leyendo el versículo 13: ¡Cómo! ¿Está dividido Cristo? ¿Acaso Pablo fue crucificado por ustedes? ¿O es que fueron bautizados en el nombre de Pablo?

Pablo les estaba diciendo a los corintios que mantuvieran sus mentes en Cristo y no en ellos. Si vamos a vivir en paz los unos con los otros —y desatar el poder y la bendición de Dios en nuestra vida— debemos hacer lo mismo. A veces, nos preocupamos y nos molestamos tanto por lo que hacen otros creyentes, que nos olvidamos por completo de Jesús y de que nos ha llamado a vivir en unidad los unos con los otros.

Busque vivir en paz y armonía

La Palabra de Dios nos instruye, alienta e insta a los creyentes a vivir en armonía los unos con los otros. ¿Por qué? Porque Dios quiere que tengamos vidas bendecidas y poderosas, y sabe que tal vida no es posible a menos que vivamos en paz.

La paz nos une al precioso Espíritu Santo. El Espíritu de Dios es un espíritu de paz. Jesús es el Príncipe de Paz. Cuando estaba listo para ascender al cielo, les dijo a sus discípulos: "La paz les dejo; mi paz les doy. Yo no se la doy a ustedes como la da el mundo. No se angustien ni se acobarden" (Juan 14:27).

Después de su resurrección, Jesús se apareció a sus discípulos. El capítulo veinte de Juan nos cuenta de cómo se les apareció a los suyos. "Entró Jesús y, poniéndose en medio de ellos, los saludó. — ¡La paz sea con ustedes!" (v. 19). "— ¡La paz sea con ustedes! —repitió Jesús—" (v. 21). Aunque sus discípulos estaban a puertas cerradas, Jesús se puso en medio de ellos y dijo: "—¡La paz sea con ustedes!" (v. 26). Creo que era evidente que Jesús estaba diciendo: "Permanezcan en paz". Otros versículos nos ordenan: "Calle" (1 Corintios 14:30, RV60).

Jesús nos dio su paz para nuestra protección. La Palabra nos dice que debemos "callar" y permitir "que gobierne en sus corazones la paz de Cristo" en cada situación (Éxodo 14:14; Colosenses 3:15). Lo que deberíamos hacer es: "Busca la paz, y síguela", y ser "pacificadores" (Salmos 34:14; Mateo 5:9, RV60).

Jesús nos dio su paz, pero ciertamente se nos escapará si no estamos decididos a aferrarnos a ella. La Palabra de Dios nos dice que si queremos vivir en armonía los unos con los otros, debemos buscar la paz, y seguirla. Pedro escribió en su epístola: "En fin, vivan en armonía los unos con los otros; compartan penas y alegrías, practiquen el amor fraternal, sean compasivos y humildes. No devuelvan mal por mal ni insulto por insulto; más bien, bendigan, porque para esto fueron llamados, para heredar una bendición. En efecto, 'el que quiera amar la vida y pasar días felices, guarde su lengua del mal y sus labios de proferir engaños. Apártese del mal y haga el bien; busque la paz y sígala'" (1 Pedro 3:8-11).

Para vivir en armonía, debemos ser
tolerantes con los demás y pasar por
alto los errores y defectos de otros.

No basta sólo con desear la paz. En efecto, debemos vivir en paz en todas nuestras relaciones: nuestra relación con Dios, nuestra relación con los demás, e incluso nuestra relación con nosotros mismos.

Pablo debe haber entendido cuán esquiva puede ser la paz a menos que la busquemos con diligencia, ya que en varias de sus cartas insta a los creyentes a vivir en armonía. Por ejemplo, él escribió en Filipenses: "Llénenme de alegría teniendo un mismo parecer, un mismo amor, unidos en alma y pensamiento." "No hagan nada por egoísmo o vanidad; más bien, con humildad consideren a los demás como superiores a ustedes mismos". (Filipenses 2:2-3).

Luego, en 2 Corintios 13:11 escribió: "Pon fin, hermanos, alégrense, busquen su restauración, hagan caso de mi exhortación, sean de un mismo sentir, vivan en paz. Y el Dios de amor y de paz estará con ustedes".

En Efesios, Pablo dijo: "[Sean] siempre humildes y amables, pacientes, tolerantes unos con otros en amor. Esfuércense por mantener la unidad del Espíritu mediante el vínculo de la paz" (Efesios 4:2-3).

Para vivir en armonía, debemos ser tolerantes con los demás y pasar por alto los errores y defectos de otros. Debemos ser humildes, afectuosos, compasivos y corteses. Debemos estar dispuestos a perdonar rápido y con frecuencia. No debemos ofendernos fácilmente y debemos bendecir a otros antes que maldecirlos. Debemos ser generosos en misericordia, y debemos ser sufridos (pacientes).

El dulce sonido de la armonía

Dios me dio una excelente ilustración de lo que significa vivir en armonía los unos con los otros mientras yo estaba ministrando en una iglesia. Pedí a todo el equipo de adoración que volviera a subir a la plataforma, y después les pedí que cantaran una alabanza a su elección. Por supuesto, sabía que todos elegirían una canción distinta, porque no les di instrucciones sobre qué cantar o tocar. Cuando cantaron y tocaron, ¡el sonido fue horrible! No había armonía. Entonces les pedí que cantaran "Cristo me ama". Sonó melodioso, relajante y maravillosamente reconfortante. La desarmonía es ruido a los oídos de Dios, pero cuando vivimos en armonía, producimos un melodioso sonido.

No sólo eso, cuando vivimos en paz los unos con los otros, en realidad, estamos haciendo guerra espiritual.

CAPÍTULO 11

Resumen y reflexión

Sin armonía ni unidad, no puede desatarse el verdadero poder espiritual.

1. La iglesia del Nuevo Testamento del libro de los Hechos nos muestra un cuadro de unidad y armonía. Hechos 2:46 dice: "Perseverando unánimes cada día en el templo" (RV60). Describa con más detalles las características de la primera iglesia cristiana usando los siguientes textos.

Hechos 2:44

_____

_____

Hechos 2:46

_____

_____

Hechos 4:31

_____

_____

Hechos 4:34

_____

_____

2. La Palabra de Dios dice: "¡Cuán bueno y cuán agradable es que los hermanos convivan en armonía! Es como el buen aceite que, desde la cabeza, va descendiendo por la barba, por la barba de Aarón, hasta el borde de sus vestiduras. Es como el rocío de Hermón que va descendiendo sobre los montes de Sion. Donde se da esta armonía, el Señor concede bendición y vida eterna" (Salmo 133).

_____

_____

3. Recuerde un tiempo en que usted haya estado envuelto en una situación de la iglesia que implicaba conflicto. Describa cómo llegó el conflicto y lo que sucedió como resultado.

_____

_____

_____

4. Ahora, recuerde un tiempo en que usted personalmente haya experimentado la clase de unidad de la que habla él Salmo 133. Escriba sobre lo que sucedió y cómo lo hizo sentir.

_____

_____

_____

5. Debemos buscar la paz en nuestras relaciones con otros creyentes. ¿Tiene actualmente una relación en que deba intentar buscar la paz? Explíquelo.

_____

_____

5. Filipenses 2:3 dice: "No hagan nada por egoísmo o vanidad; más bien, con humildad consideren a los demás como superiores a ustedes mismos". Usando Filipenses 2:3, ¿cómo podría buscar la paz con un individuo o grupo?

_____

_____

_____

Amado Señor, por el poder de tu maravilloso Espíritu Santo, revélame cualquier actitud que haya creado o fomentado el conflicto entre mis compañeros creyentes. Me arrepiento humildemente por no haber sido un pacificador. Muéstrame de qué manera puedo restaurar la paz en las relaciones rotas o dañadas por ofensas o malentendidos. Hago un nuevo compromiso de convertirme en un pacificador siempre que sea posible con tu ayuda. Amén.

Revisar nuestra estrategia de guerra espiritual

C uando recién me había convertido en una cristiana carismática, escuché muchas enseñanzas sobre guerra espiritual. Había pasado toda mi vida tratando de pelear mis propias batallas sin resultado alguno, y quería que se terminaran mis luchas. Después de todo, había localizado al culpable que estaba detrás de mis problemas: tomar autoridad sobre el enemigo pondría fin a ese sufrimiento. Quería aprender todo lo posible para derrotarlo, porque era obvio que me estaba dando muchos problemas. Para variar, yo quería llevarle la delantera.

Así que me propuse aplicar todos los métodos que había aprendido, y estuve ocupada reprendiendo, resistiendo, expulsando y echando fuera, atando y desatando, ayunando y orando, y todo cuanto me decían que hiciera. Sin embargo, no podía ganar y obtener la victoria. Tenía los métodos, pero el poder de Dios no fluía a través de ellos. En efecto, los resultados eran mínimos, y yo estaba exhausta, casi al borde del "agotamiento espiritual", cosa que sucede cuando continuamos haciendo cosas que no producen resultados positivos.

Entonces, el Señor gentilmente me compartió algunas verdades que han llegado a ser una bendición para mi vida. Me mostró que los "métodos" de guerra espiritual son buenos, pero sólo son portadores, o recipientes, de su verdadero poder. Allí fue cuando me mostró una manera totalmente nueva de ver la guerra espiritual desafiándome a observar cómo trataba Jesús con el diablo y cómo nos enseñó a vivir.

Al hacerlo, me di cuenta de que los métodos que Él nos enseña a usar para ser victoriosos son usualmente lo opuesto a lo que parece tener sentido en nuestra mente. Por ejemplo, nos dice: "Anda, vende lo que tienes y dáselo a los pobres, y tendrás tesoro en el cielo" (Mateo 19:21). Y: "Pero muchos de los primeros serán últimos, y muchos de los últimos serán primeros" (Mateo 19:30). Él nos enseña: "El que a sí mismo se enaltece será humillado, y el que se humilla será enaltecido". (Vea Mateo 18:4; 23:12; Santiago 4:6; 1 Pedro 5:6.)

Sus seguidores querían que Él estableciera un reino terrenal y se condujera como un rey terrenal. Querían que se moviera contra el enemigo de la misma forma en que ellos hacían guerra. Pero Él les enseñó una forma distinta de pelear sus batallas: "Pero yo les digo: Amen a sus enemigos y oren por quienes los persiguen" (Mateo 5:44). Él dijo en Lucas 6:27-28: "Pero a ustedes que me escuchan les digo: Amen a sus enemigos, hagan bien a quienes los odian, bendigan a quienes los maldicen, oren por quienes los maltratan".

¡Ésta era una forma totalmente nueva de pensar! Jesús había venido a abrir un "camino nuevo y vivo" (Hebreos 10:20), uno que ministraría vida en lugar de muerte. Él conquistó con mansedumbre y dulzura. Gobernó con bondad y amor. Se humilló a sí mismo y fue puesto muy por encima de toda otra autoridad. Me di cuenta de que si quería experimentar el poder de Dios, como lo hizo Jesús, necesitaba expandir mi definición de guerra espiritual para incluir obediencia, paz y amor, porque Él enfatizaba la importancia de cada una de estas cosas.

La guerra de la obediencia

Hasta este momento, me había estado enfocando en la última parte de Santiago 4:7, que dice: "Resistan al diablo, y él huirá de ustedes". Había estado ocupada resistiendo a Satanás, pero no huía. Entonces, el Espíritu Santo me abrió los ojos para ver el pasaje completo: "Así que sométanse a Dios. Resistan al diablo, y él huirá de ustedes". Me di cuenta de que no me había preocupado tanto por someterme a Dios como por resistir al diablo. Fue un alivio descubrir que la obediencia desataría el poder de Dios en mi vida.

Los métodos que Él nos enseña a usar para
ser victoriosos son usualmente lo opuesto a lo
que parece tener sentido en nuestra mente.

Cuando caminamos en obediencia a Dios, los ángeles nos ayudan en nuestra batalla. El salmista escribió: "Porque él ordenará que sus ángeles te cuiden en todos tus caminos" (Salmos 91:11).

La ayuda de los ángeles por cierto hará que la tarea sea mucho más fácil. Ellos no obran a nuestro favor solamente porque estamos vivos, y tampoco obran a nuestro favor tan sólo porque creemos que Jesús es nuestro Salvador. Ellos escuchan la Palabra de Dios. Cuando hablamos la Palabra de Dios y caminamos en obediencia y servicio a Dios y los demás, los ángeles se mueven a nuestro favor, y nos protegen de los principados y potestades. Esto no quiere decir que ellos nos guarden de daños o incluso de cometer errores; simplemente significa que debemos tomar en serio el estilo de vida de obediencia si queremos el poder y la bendición de Dios en nuestra vida.

Además, debemos calzar el calzado de la paz.

La batalla de la paz

Cuando vienen las dificultades, nuestra primera tentación es preocuparnos, expresar nuestras emociones, y comenzar a intentar primero una cosa y luego otra con la esperanza de hallar algo que dé resultado y cambie la situación. Todas éstas son conductas inaceptables para el creyente que camina en fe. Ninguna de ellas traerá victoria. Jesús nos dio paz. Es nuestra herencia. El diablo intenta habitualmente robárnosla, pero la paz es nuestra, y debemos aferrarnos a ella. (Vea Éxodo 14:14.)

El diablo no puede con los creyentes
que saben cómo "guardar la paz".

Como creyentes, "nos hizo sentar en los lugares celestiales con Cristo Jesús" (Efesios 2:6, RV60). La Palabra *sentar* se refiere a descanso y las palabras *descanso* y *paz* son equivalentes. El libro de Hebreos nos enseña a entrar en el descanso de Dios y dejar la fatiga y el dolor del trabajo humano. (Vea Hebreos 4:3; 10-11.) Esta paz está a nuestro alcance, y lo ha estado desde que Jesús vino, murió por nosotros, resucitó de los muertos y ascendió a los cielos.

La paz está a nuestro alcance, pero se nos alienta a "entrar" en ella. Entramos en la paz de Dios creyendo su Palabra y confiando en Él, en lugar de hacerlo en nosotros mismos o en algún otro ser. En efecto, cuando descansamos, estamos haciendo guerra espiritual. Pablo dijo a los filipenses: "Y sin temor alguno a sus adversarios, lo cual es para ellos señal de destrucción. Para ustedes, en cambio, es señal de salvación, y esto proviene de Dios" (Filipenses 1:28).

La palabra *constancia* aquí[a] se refiere a ser el mismo: estable y fiel. Nuestra constancia es para el enemigo una señal de su inminente destrucción. Nuestro descanso en paz y gozo durante el ataque del diablo literalmente lo destruye. Él no puede con los creyentes que saben como "guardar la paz". Nuestra constancia es también una señal externa de que confiamos en Dios, y nuestra confianza lo mueve a librarnos.

Cuando derrotamos al enemigo, nos beneficiamos, pero también Jesús se beneficia. Le damos gloria cuando operamos de acuerdo con su Palabra. Puede bendecirnos con su herencia en Él. Hablar de las promesas de Dios nos da aliento, pero poseerlas es mucho mejor. Leemos en el Salmo 94:12-13: "Dichoso aquel a quien tú, Señor, corriges; aquel a quien instruyes en tu ley, para que enfrente tranquilo los días de aflicción mientras al impío se le cava una fosa".

El plan de Dios es obrar en nuestra vida para llevarnos al lugar donde podamos tener descanso en tiempos de adversidad.

"Así que no temas, porque yo estoy contigo; no te angusties, porque yo soy tu Dios. Te fortaleceré y te ayudaré; te sostendré con mi diestra victoriosa.

"Todos los que se enardecen contra ti sin duda serán avergonzados y humillados; los que se te oponen serán como nada, como si no existieran. Aunque busques a tus enemigos, no los encontrarás. Los que te hacen la guerra serán como nada, como si no existieran.

"Porque yo soy el Señor, tu Dios, que sostiene tu mano derecha; yo soy quien te dice: No temas, yo te ayudaré.

"No temas, gusano Jacob, pequeño Israel afirma el Señor, porque yo mismo te ayudaré; ¡el Santo de Israel es tu redentor!

"Te convertiré en una trilladora nueva y afilada, de doble filo. Trillarás las montañas y las harás polvo; convertirás en paja las colinas.

"Las aventarás y se las llevará el viento; ¡un vendaval las dispersará! Pero tú te alegrarás en el Señor, te gloriarás en el Santo de Israel" (Isaías 41:10-16).

La siguiente es mi paráfrasis de estos versículos: "No tengas temor de nada. No permitas que nada te inquiete. No comiences a mirar las circunstancias que te rodean; no comiences a preocuparte. Mantente en paz. Yo soy tu Dios. Yo te ayudaré; yo te sostendré. Cuando sentimos que vamos a derrumbarnos, ¡tenemos su promesa de que nos sostendrá!

"Todos los que luchen contra ti, esos que vienen a ti con un espíritu de contienda y guerra, acabaran siendo nada. Por tanto, guarda tu paz. Cuando guardas tu paz, puedo obrar, porque eso demuestra que confías en mí.

"Estoy haciendo algo nuevo en ti durante estos tiempos de prueba. Te estoy convirtiendo en una trilladora nueva y filosa que segará al enemigo. Tu recompensa será gloria y gozo".

La próxima vez que algo o alguien amenace con robar su paz, no ceda. En lugar de eso, desate el poder de Dios, aferrándose a su herencia y confiando en que Él se hará cargo de la situación por usted.

La paz libera gran poder espiritual

Si le cuesta ver la paz como guerra espiritual, lo entiendo. Nuestra mente nos dice que debemos pelear contra el enemigo con furia, no con paz. ¿Cómo puede la paz ganar una guerra?

Piense por un momento en una guerra natural. ¿Qué le pone fin? Una o ambas partes deciden no seguir peleando. Aun si una sola de las partes decide no pelear, la otra a la larga tendrá que dejar porque ya no tiene nadie con quien pelear.

Mi esposo solía ponerme furiosa, porque no peleaba conmigo. Yo me sentía molesta y enojada, y quería que dijera siquiera una cosa para poder seguir discutiendo. Pero cuando Dave veía que sólo estaba buscando pelea, se quedaba tranquilo y me decía: "No voy a pelear contigo". A veces, hasta subía al auto y se iba por un rato, lo cual me ponía aún más furiosa, pero no podía pelear con alguien que no peleaba contra mí.

Si enfrentamos nuestras batallas con paz y reaccionamos con paz ante los contratiempos de la vida, experimentaremos victoria. Esto es lo que Moisés dijo a los israelitas cuando se encontraron con el Mar Rojo frente a ellos y con el ejército egipcio por detrás. Se atemorizaron, y él les dijo: "No tengan miedo les respondió Moisés. Mantengan sus posiciones, que hoy mismo serán testigos de la salvación que el Señor realizará en favor de ustedes. A esos egipcios que hoy ven, ¡jamás volverán a verlos! Ustedes quédense quietos, que el Señor presentará batalla por ustedes" (Éxodo 14:13-14).

Observe que Moisés les dijo a los israelitas: "Ustedes quédense quietos". ¿Por qué? Estaban en guerra, y era necesario que reaccionaran con paz para ganar la batalla. Dios pelearía por ellos si mostraban su confianza en Él manteniendo la paz.

Si se aferra a su paz, Él hará lo mismo por usted.

Dios le ha dado paz. Usted puede conservarla, perderla o darla. Después de todo, Dios le dio dominio a Adán, y Adán se lo dio a Satanás, a quien nos referimos como el dios de este mundo. El Señor Dios no creó a Satanás para que fuera el dios de este mundo, entonces ¿cómo obtuvo ese título? Adán le cedió lo que Dios le había dado.

No cometa este mismo error con aquellas cosas que le han sido dadas a través de Jesucristo. Recuerde siempre que lleva puesto el calzado de la paz cuando va a la batalla. (Vea Efesios 6.) Ellos lo conducirán a la guerra del amor, que también es guerra espiritual.

La guerra del amor

Si amamos activamente, el mal no nos alcanzará. En cambio, noso-tros venceremos el mal. "No te dejes vencer por el mal; al contrario, vence el mal con el bien" (Romanos 12:21).

Si el amor responde cuando la contienda golpea a la puerta, no logrará entrar. En cambio, el bien vencerá el mal. La luz vencerá a las tinieblas. La muerte quedará totalmente derrotada y sorbida por la vida.

Pablo nos amonesta: "Sobre todo, ámense los unos a los otros profundamente, porque el amor cubre multitud de pecados" (1 Pedro 4:8).

Podemos reprender al enemigo —literalmente gritarle has-ta quedarnos sin voz— pero él no huirá de la persona a quien no le interese caminar en obediencia y amor. El diablo trae ofensa, desarmonía y contienda entre la gente, pero el antídoto para todo ese pernicioso problema es el amor.

¡El diablo no puede manejar a quien ama! Jesús siempre amaba a la gente y era bondadoso con ella. Satanás no podía controlarlo, porque andaba en obediencia y amor. Entonces, si usted está bata-llando contra el enemigo, haría bien en concentrarse más en andar en amor. Me he dado cuenta de que a veces estaba tan concentrada tratando de vencer al enemigo, que no tenía tiempo para mostrarle bondad a nadie. Mi guerra con el enemigo me estaba convirtiendo en una persona avinagrada en lugar de dulce.

Satanás sabe que los cristianos que "hablan y hablan", pero no "predican con el ejemplo" carecen de poder contra él. Su estrate-gia de guerra de los últimos tiempos es levantar una fortaleza de enfriamiento del amor. De esta manera, puede mantener a la igle-sia de Jesucristo carente de poder, porque la fe trabaja conjunta-mente con el amor.

La fe se activa, se vigoriza y se expresa a través del amor, como vemos en Gálatas 5:6: "En Cristo Jesús de nada vale estar o no estar circuncidados; lo que vale es la fe que actúa mediante el amor." Muchos consideran ser una persona de gran fe, pero si observa el fruto de sus vidas, verá que existe poco amor genuino. Pueden parecer poderosos, pero el verdadero poder espiritual se halla en las facetas y frutos del amor, porque el amor mata la contienda aún antes de que eche raíces.

Las facetas del amor que matan la contienda

Primera de Corintios 13 nos dice cómo luce el amor: "Si hablo en lenguas humanas y angelicales, pero no tengo amor, no soy más que un metal que resuena o un platillo que hace ruido. Si tengo el don de profecía y entiendo todos los misterios y poseo todo conocimiento, y si tengo una fe que logra trasladar montañas, pero me falta el amor, no soy nada. Si reparto entre los pobres todo lo que poseo, y si entrego mi cuerpo para que lo consuman las llamas, pero no tengo amor, nada gano con eso. "El amor es paciente, es bondadoso. El amor no es envidioso ni jactancioso ni orgulloso. No se comporta con rudeza, no es egoísta, no se enoja fácilmente, no guarda rencor. El amor no se deleita en la maldad sino que se regocija con la verdad. Todo lo disculpa, todo lo cree, todo lo espera, todo lo soporta. El amor jamás se extingue, mientras que el don de profecía cesará, el de lenguas será silenciado y el de conocimiento desaparecerá" (versículos 4-8).

El amor es como un diamante brillante; tiene muchas facetas, que incluyen:

- ► Paciencia
- ► Benignidad

- ► Generosidad
- ► Humildad
- ► Gentileza
- ► Desinterés
- ► Templanza
- ► Falta de malicia
- ► Sinceridad

Examinemos cada una de estas facetas, y pensemos cómo podemos mantener alejada la contienda.

Paciencia

"El amor es paciente" (1 Corintios 13:4). Cuando la gente muestra impaciencia para con otros o consigo misma, permite que el conflicto entre en su relación. Cuando amamos activamente, somos pacientes con los demás, y capaces de vivir juntos en paz.

Benignidad

"El amor es ... bondadoso" (1 Corintios 13:4). La contienda siempre merodea en busca de una grieta por la cual infiltrarse. Cuando somos duros con alguien, particularmente con alguien que está angustiado, avivamos el enojo. En cambio, la benignidad actúa como un bálsamo sanador. La benignidad mantiene alejada la contienda. "Y un siervo del Señor no debe andar peleando; más bien, debe ser amable con todos, ... y no propenso a irritarse" (2 Timoteo 2:24).

Generosidad

"El amor no es envidioso" (1 Corintios 13:4). La envidia y los celos son puertas abiertas para la contienda. Cuando sea tentado por los celos, responda con generosidad y el mal será consumido por el bien.

A veces, el espíritu de celos me ha atacado sin tregua con relación al ministerio de otros. No deseo ser celosa; odio el sentimiento de celos y envidia. He descubierto que la forma de combatir los celos es por medio de la generosidad. En lugar de jugar en las manos del enemigo y tener resentimiento hacia una persona por lo que tiene, suelo darle a esa persona para que su ministerio pueda crecer aún más. Quizás no siempre "sienta" el deseo de ser generosa, pero me di cuenta de que la generosidad obra para mantener lejos los celos.

Humildad

"El amor no es ... jactancioso ni orgulloso" (1 Corintios 13:4). Si le falta humildad —si creemos que somos más importantes que los demás— su vida estará llena de conflictos y contiendas. La humildad es un prerrequisito si se quiere vivir en paz y armonía con otros. El orgullo precede a la destrucción (Proverbios 16:18), pero si usted se humilla, Dios mismo lo exaltará. Muchas relaciones fueron destruidas por un espíritu de contienda, sencillamente porque ninguna de las partes mostró humildad y disposición a esperar que Dios los exalte.

Gentileza

El amor "no se comporta con rudeza, no es egoísta" (1 Corintios 13:5). Es asombroso cómo las palabras *por favor* y *gracias* pueden suavizar una orden. Aquellos que tienen autoridad y están en posición de decirles a otros lo que deben hacer, pueden evitar muchas rebeliones usando mejores modales.

Estoy ungida para el liderazgo, y siempre he visto la capacidad para liderar inherente en mi temperamento. Soy directa y franca. Como persona "llana", no me ando con rodeos y voy directamente al asunto. Ésta es una buena cualidad, pero también puede resultar brusca y desagradable si no se la suaviza con gentileza. Puedo haber "nacido jefa", pero no tengo por qué ser autoritaria: hay una gran diferencia.

Puesto que Cristo está en nosotros, la semilla
de esa naturaleza ya está en nuestro interior,
pero debemos elegir desarrollarla.

Para que las relaciones se mantengan armoniosas, debemos tratarnos los unos a los otros con gentileza. Debemos cumplir con las cortesías de la vida. Pueden no ser vitales, pero es sabio usarlas, porque pueden prevenir tensiones y rebelión. Soy la jefa, y sencillamente puedo decirle a la gente lo que debe hacer. Si quiere trabajar para mí, debe hacer lo que le pido. Pero si me tomo tiempo extra para ser gentil, querrá trabajar para nuestro ministerio por un largo tiempo.

La gentileza también es vital en nuestras relaciones con la familia y los amigos. Me he dado cuenta que tenemos tendencia a tomarnos libertades con los más cercanos que ni siquiera soñaríamos tomarnos con un extraño. Recuerdo que, años atrás, el Espíritu Santo me corrigió por la forma ruda en la que le hablaba a mi marido. Me dijo: "Joyce, si fueras tan gentil con Dave como lo eres con tu pastor, tu matrimonio estaría mucho mejor". Muchos conflictos pueden evitarse simplemente con cortesía. Le animo a recorrer la segunda milla para ser gentil con su familia y amigos más cercanos.

Desinterés

El amor "no es egoísta" (1 Corintios 13:5). La traducción Reina-Valera dice que el amor "no busca lo suyo". Jesús dijo: Si alguno quiere venir en pos de mí, niéguese a sí mismo, y tome su cruz, y sígame" (Marcos 8:34, RV60).

Jesús es amor, y si queremos seguir su estilo de vida, requerirá el desarrollo de una naturaleza desinteresada. Les dijo a sus discípulos (y a nosotros): "Si alguno quiere ser discípulo mío, olvídese de sí mismo, cargue con su cruz y sígame" (Marcos 8.34, DHH). Puesto que Cristo está en nosotros, la semilla de esa naturaleza ya está en nuestro interior, pero debemos elegir desarrollarla. Dios plantó su semilla en nosotros, pero debemos regarla y cuidarla adecuadamente para que crezca hasta dar fruto. Renunciar a uno mismo no es tarea fácil. La carne es dura de matar y lucha sin tregua.

La contienda era una visita constante en nuestro hogar cuando yo vivía egoístamente. El egoísmo es el terreno propicio para la contienda. Con los años, a medida que Dios ha tratado conmigo, me he vuelto menos egoísta, y mi vida y mis relaciones se han vuelto mucho más armoniosas. La contienda ha perdido su lugar para anidar.

Templanza

El amor "no se enoja fácilmente, no guarda rencor" (1 Corintios 13:5). "No toma en cuenta el mal recibido" (LBLA). Es lento para enojarse (Santiago 1:19). El antídoto para un temperamento irascible es el dominio propio, que es un fruto del espíritu. (Vea Gálatas 5:23.)

Si lucha con un temperamento irascible, pida a Dios que le revele el origen del problema. Quizás usted sufrió abuso en el pasado, y tiene ira reprimida que necesita tratar. O tal vez es orgulloso y necesita humildad. El orgullo es con frecuencia la raíz de un carácter irritable.

Mis hijas tenían problemas de enojo y finalmente se dieron cuenta de que se enraizaba en el perfeccionismo. He aprendido que usar el dominio propio para controlar la emoción del enojo es mucho más fácil que tratar de lidiar con todas las repercusiones una vez que perdí los estribos. Detesto la contienda y los efectos que tiene sobre la gente. Un buen carácter le cerrará la puerta en la cara a la contienda.

Falta de malicia

El amor "no piensa el mal" (1 Corintios 13:5, RV 1909). Es necesario que guardemos nuestros pensamientos porque tienen el poder para producir bien o mal en nuestras vidas. Cada uno de nosotros tiene tanto la mentalidad de la carne como la mentalidad del espíritu (vea Romanos 8:6), pero debemos elegir la mentalidad del Espíritu, que produce vida y paz.

El amor es bueno y espera lo mejor de cada persona. ¿Cómo es posible esperar lo mejor de gente que nos ha decepcionado una y otra vez? El amor olvida el pasado y trata cada asunto de manera nueva. Oh, ¡que glorioso sería ser totalmente faltos de malicia! Sólo imagine la paz interior de la persona que jamás tiene un mal pensamiento. Quizás piense: *Suena grandioso en teoría, pero ¿es realmente posible?* No sé si algún día alcanzaré semejante perfección, pero estoy decidida a proseguir hacia la meta. ¡Los pensamientos de amor vencen a la contienda!

Sinceridad

"El amor debe ser sincero. Aborrezcan el mal; aférrense al bien" (Romanos 12:9). El amor es sincero. No es sólo un montón de palabras o teorías, sino que se vea en acción. El amor satisface necesidades. El amor es genuino. Él realmente desea ayudar a los demás.

El amor desata gran poder espiritual

Antes de hablar acerca de las facetas y el fruto del amor, Pablo dice: "Si hablo en lenguas humanas y angelicales, pero no tengo amor, no soy más que un metal que resuena o un platillo que hace ruido.

"Si tengo el don de profecía y entiendo todos los misterios y poseo todo conocimiento, y si tengo una fe que logra trasladar montañas, pero me falta el amor, no soy nada.

"Si reparto entre los pobres todo lo que poseo, y si entrego mi cuerpo para que lo consuman las llamas, pero no tengo amor, nada gano con eso" (1 Corintios 13:1-3).

Según este pasaje, si no andamos en amor, todos nuestros esfuerzos por servir a Dios y demostrar su poder no servirán de nada. El amor es el mayor poder del mundo. Hace que valga la pena vivir la vida. Nos hace libres de la ley. "Ahora, pues, permanecen estas tres virtudes: la fe, la esperanza y el amor. Pero la más excelente de ellas es el amor" (1 Corintios 13:13). Pablo nos enseña que el amor es "un camino más excelente" de vida (1 Corintios 12:31). Su oración era "que el amor de ustedes abunde cada vez más" (Filipenses 1:9). Sin amor, "nada gano".

Si amamos activamente, resistiremos el conflicto en cada oportunidad. Satanás sabe esto, por eso quiere impedir que andemos en amor. Sabe que si desarrollamos una vida de amor, seremos peligrosos para el reino de la oscuridad. Nos resulta muy fácil, por la naturaleza de la carne, volvernos personas egoístas y egocéntricas. Pero con la ayuda de Dios y un corazón dispuesto, podemos disfrutar relaciones armoniosas y libres de contiendas que manifiestan el verdadero espíritu de amor.

Tenga una "santa determinación"

La contienda viene como una tormenta rugiente y deja destrucción por todo lugar donde se le permite pasar. Pero usted puede vencerla aferrándose a lo bueno. Comprenda la importancia de la paz y el amor. Son esenciales para una vida de victoria, poder y bendición. Si quiere experimentar esas cosas, permita que en su interior surja una santa determinación de vivir en paz y en amor. Tome la determinación de aferrarse a su paz y de amar activamente. Luego, tome distancia y vea lo que Dios hace en usted y a través de usted.

Nota a la traducción:
a. La autora utiliza la versión inglesa *The Amplified Bible*, que no tiene traducción ni equivalente en castellano. En la misma, el versículo de referencia dice: "And do not [for a moment] be frightened or intimidated in anything by your opponents and adversaries, for such [constancy and fearlessness] will be a clear sign (proof and seal) to them of [their impending] destruction, but [a sure token and evidence] of your deliverance and salvation, and that from God." —Philippians 1:28.

CAPÍTULO 12

Resumen y reflexión

La guerra espiritual para derrotar al diablo puede llevarse a cabo con armas poderosas sobre las cuales hemos oído hablar poco como la obediencia, la paz y el amor.

1. La Biblia dice: "Así que sométanse a Dios. Resistan al diablo, y él huirá de ustedes" (Santiago 4:7). ¿Por qué le parece que someterse a Dios es tan importante como resistir al diablo?

_____

_____

_____

2. ¿Ha experimentado alguna vez el ataque de un individuo para destruir su carácter, posición o reputación? Use Mateo 5:44 y Lucas 6:27 para describir cómo podría responder bíblicamente.

_____

_____

_____

3. Haga una paráfrasis de Isaías 41:10-16, usando sus propias palabras para describir la promesa de Dios de mantenerlo en paz en medio de las tormentas de la vida.

_____

_____

_____

4. Los principios del cristianismo con frecuencia son paradójicos. En otras palabras, parecen completamente al revés. Usando las siguientes escrituras, escriba acerca de eventos de su propia vida que ilustren el uso de estos principios o la falta de ellos.

Mateo 18:4

_____

_____

Mateo 19:21

_____

_____

Mateo 19:30

_____

_____

Mateo 23:12

_____

_____

Santiago 4:6

_____

_____

1 Pedro 5:6

_____

_____

5. Haga una paráfrasis de 1 Corintios 13:1-8.

_____

_____

_____

6. Piense en una oportunidad en que usted estuvo en conflicto con otra persona. ¿Cómo podría haber usado el amor como arma espiritual para derrotar las estrategias de Satanás en esa situación?

_____

_____

_____

Amado Señor, dame gracia para responder a las batallas de mi vida con obediencia, paz y amor. Te someto mi vida, sabiendo que tú tienes mi futuro en tus manos. Someto mis futuras batallas a ti, aún antes de que ocurran, y te pido que me hagas triunfar por medio del poder de tu paz y tu amor. Ayúdame a caminar con desinterés, generosidad y buena voluntad para con los demás. Donde mi corazón es pequeño, hazlo grande con tu amor. Amén.

Avanzar hacia el cambio, no resistirlo

C omo el ministerio Joyce Meyer ha crecido, hemos tenido que hacer algunos cambios. Cosas que podíamos hacer cuando sólo teníamos cinco empleados, ahora no funcionan. Nuestro ministerio se ha expandido, al igual que la cantidad de gente necesaria para que el trabajo esté hecho.

Nuestro día de trabajo solía ser desde las 8:00 A.M. hasta las 4:30 P.M., con treinta minutos para almorzar. Sin embargo, cuando llevamos nuestro ministerio a la televisión, quisimos mantener la oficina abierta tanto como fuera posible para que la gente hiciera pedidos de cintas de audio, así que cambiamos el horario de trabajo y extendimos la hora del almuerzo. Ninguno de nuestros empleados se quejó, pero estoy segura de que a algunos de ellos les gustó el cambio mientras que a otros no.

Éste es uno de los muchos cambios que ha atravesado la gente que trabaja en nuestro ministerio. Es imposible ir por la vida sin experimentar numerosos cambios. Todos tenemos preferencias personales por cosas, así que algunos cambios nos resultan mejores que otros. Algunos cambios nos gustan y los aceptamos con gusto, otros nos disgustan y a veces los resistimos.

Puesto que el cambio es inevitable, debemos entender cómo nos afecta para que prosigamos hacia él en vez de resistirlo, abriendo así la puerta a la contienda. Cuando aceptamos el cambio y no lo resistimos, es más probable que sigamos viviendo en armonía con los demás, liberando el fluir del poder y la bendición de Dios en nuestra vida.

Entender cómo nos afecta el cambio

Cuando la gente se muda, cambia de trabajo, pierde relaciones, o forma nuevas relaciones —y miles de otros tipos de cambios— se encuentra bajo cierto monto de presión. El cambio significa lidiar con lo desconocido. Nos gusta tener todo bajo control y saber exactamente lo que sucede cada paso del camino. Cuando algo cambia, las cosas son diferentes. Esto puede resultar amenazante como también agotador. El cambio siempre requiere mayor atención de nuestra parte.

Por ejemplo, cuando estamos desarrollando nuevas relaciones con gente, debemos aprender cómo reacciona en cada situación. ¿Qué cosas le gustan? ¿Qué cosas le disgustan? ¿Qué es aceptable decirles? ¿Qué no? ¿Se ofenden si les tomamos el pelo?

Llegar a conocer a alguien exige mucha más energía que la que se requiere simplemente para estar con una buen amigo que conocemos desde hace largo tiempo. El estrés que esto crea puede producirnos cortocircuitos en otras áreas.

De hecho, cualquier clase de cambio puede agregar estrés a nuestra vida, lo cual puede hacer que nos volvamos más irritables y tensos. Por ejemplo, resulta difícil vivir con algunas mujeres durante su ciclo menstrual. ¿Por qué? Porque sus cuerpos están cambiando, y se sienten distintas. Si no descansan más y evitan situaciones potencialmente estresantes, son más vulnerables al conflicto durante ese tiempo. Unos cuantos días más tarde pueden manejar maravillosamente algo con lo que no podían durante el tiempo de sus cambios físicos.

Lo mismo se aplica a las mujeres que están atravesando la menopausia. Sus cuerpos están sufriendo cambios drásticos, y a menudo las mujeres de mediana edad se dan cuenta de que sus cuerpos ya no se recuperan como antes. Estos cambios físicos afectan a algunas mujeres más que a otras pero, para muchas, es una etapa de cambio que puede abrir puertas al conflicto en las relaciones.

El cambio significa lidiar con lo desconocido.

Si el nivel de paciencia de una mujer es bajo y el nivel de ruido de su casa es alto, es posible que se enoje. Las cosas con las que antes estaba bastante satisfecha, de repente, pueden parecerle inaceptables. Si su esposo no le da el afecto que desea, quizás se sienta herida fácilmente, y, por lo tanto, retirarse y actuar de formas a las que su familia no está acostumbrada. Es posible que su necesidad de afecto aparte del sexo, se incremente durante este tiempo. Quiere que la abracen, pero nada más.

Para evitar el conflicto durante un cambio tan estresante, a una mujer la ayudará recordar que su esposo no puede leerle la mente. Debe tener presente que está cambiando, pero su familia es la misma de siempre. Ellos no se sienten como ella y no debería esperar que la entiendan sin un poco de instrucción.

Cuando atravesé la menopausia, me ayudó decirme a mí misma: "Joyce, estás sintiendo estos cambios, pero todo va a estar bien". Háblese a sí misma a veces; tenga una conversación franca consigo misma. No permita que el cambio la desoriente al punto de provocarle conflicto.

Algunas personas tienen dificultades cuando su iglesia u organización sufre algún tipo de cambio. Quizás el pastor siente que Dios está guiando a la iglesia a un fuerte programa de misiones foráneas. Algunos miembros de la congregación pueden creer que es algo maravilloso, mientras que otros tal vez sientan que un programa de alcance de las zonas urbanas deprimidas sería mejor. Cuando la gente no se da cuenta de que muchos de sus sentimientos se basan en sus propias opiniones y preferencias, puede abrir rápidamente una puerta al conflicto al verbalizar su desacuerdo. Es un error dar por sentado que un líder no está siguiendo la voluntad de Dios sólo porque usted no está personalmente de acuerdo con un cambio que él o ella realiza. Esto puede provocar un increíble monto de conflicto y destrucción en una iglesia.

Cuando se enfrente a cambios de cualquier tipo, recuerde que el diablo intentará sacarle ventaja. Espera encontrarlo desprevenido para que usted lo deje entrar sin darse cuenta de lo que está pasando.

Es por eso que si su lugar de trabajo, iglesia o alguna otra organización en la que participa sufre un cambio que le desagrada, lo sabio es dar un poco de tiempo para ver cómo lo afecta realmente el cambio. Dele una oportunidad a las cosas para que se acomoden. Si después del periodo de espera aún se siente de la misma forma, hable con la persona responsable del cambio. Una vez que usted entienda la situación y por qué se realizó el cambio, es posible que cambie totalmente de perspectiva.

Si ha hecho esto, y se da cuenta de que así y todo no se siente feliz con el cambio, considere la posibilidad de irse, pero váyase en paz. No chismee, no se queje con otros. No se vaya suponiendo que todos los demás están equivocados. Lo que están haciendo quizás sea lo correcto para sus negocios, iglesia u organización, pero no para usted. Debemos darnos libertad los unos a los otros y no erigirnos en jueces.

"A algunos su fe les permite comer de todo, pero hay quienes son débiles en la fe, y sólo comen verduras. El que come de todo no debe menospreciar al que no come ciertas cosas, y el que no come de todo no debe condenar al que lo hace, pues Dios lo ha aceptado. "¿Quién eres tú para juzgar al siervo de otro? Que se mantenga en pie, o que caiga, es asunto de su propio señor. Y se mantendrá en pie, porque el Señor tiene poder para sostenerlo. "Hay quien considera que un día tiene más importancia que otro, pero hay quien considera iguales todos los días. Cada uno debe estar firme en sus propias opiniones" (Romanos 14:2-5).

Otra clase de cambio que puede abrir la puerta al conflicto se da durante esos tiempos en los que Dios trata con nosotros. Cuando el Señor está tratando con nosotros interiormente, su propósito es producir un cambio en el exterior. Estos cambios están diseñados para traer progreso, y Satanás siempre combatirá el progreso.

¿Está Satanás tratando de sabotear un cambio que Dios quiere hacer en usted?

Dios nos cambia en grados crecientes de gloria. Su objetivo es hacernos más semejantes a Él: "Así, todos nosotros, que con el rostro descubierto reflejamos como en un espejo la gloria del Señor, somos transformados a su semejanza con más y más gloria por la acción del Señor, que es el Espíritu" (2 Corintios 3:18).

Para cumplir este propósito, Dios a veces nos disciplina, en última instancia, para nuestro bien. Sin embargo, mientras la disciplina tiene lugar, no resulta muy divertido. Hebreos 12:11 nos dice: "Ciertamente, ninguna disciplina, en el momento de recibirla, parece agradable, sino más bien penosa; sin embargo, después produce una cosecha de justicia y paz para quienes han sido entrenados por ella".

La disciplina de Dios nos cambia y nos hace más como Jesús en nuestros pensamientos, palabras y acciones. Su plan es llevarnos a un nuevo nivel de gloria, algo que Satanás no quiere. Por consiguiente, el diablo se nos opondrá con persistencia si seguimos adelante. Se deleita en distraernos y evitar que avancemos en nuestra relación con Dios.

He visto esto en mi propia vida numerosas veces cuando el Señor estaba tratando conmigo algún comportamiento erróneo en particular, algo de lo cual deseaba profundamente liberarme y quería sinceramente alcanzar una situación de libertad. A menudo, mientras estudiaba y oraba, podía sentir que estaba a punto de lograr mi avance, pero, en cambio, se desataba gran confusión en mi vida.

Cuando el Señor está tratando con
nosotros interiormente, su propósito es
producir un cambio en el exterior.

La confusión me hacía olvidar por completo lo que Dios estaba obrando en mí, y comenzaba a prestar atención a mis problemas. Varias semanas o meses después, el Espíritu Santo comenzaba a tratar mi vida sobre ese mismo asunto otra vez. Entonces recordaba que antes había estado tan cerca de la libertad, y, sin saberlo, había permitido que Satanás me distrajera y me desviara del camino. A menudo, el "problema" que el diablo usaba era algo que abría una puerta al conflicto, dentro de mí o con algún otro.

¿Ha notado que cuando usted trata de avanzar en un área, Satanás usa el conflicto en otra área para retrasar su progreso? Sinceramente creo que ésta es un área que merece mucha atención.

Medite en esto, y creo que podrá ver que un hilo similar corre a través de su vida.

¿Cómo debemos reaccionar ante los periodos de disciplina y cambio (tiempos en los que Dios nos cambia)? Los siguientes versículos nos dan una respuesta: "Lo que soportan es para su disciplina, pues Dios los está tratando como a hijos. ¿Qué hijo hay a quien el padre no disciplina? ...Por tanto, renueven las fuerzas de sus manos cansadas y de sus rodillas debilitadas.

'Hagan sendas derechas para sus pies', para que la pierna coja no se disloque sino que se sane" (Hebreos 12:7, 12-13).

Una nota al pie del versículo trece en el Nuevo Testamento Worrell dice lo siguiente: "Haga sendas derechas para sus pies; elija que la palabra de Dios sea 'una lámpara a mis pies ... una luz en mi sendero' (Salmos 119:105); no solamente para su bien y para la gracia de Dios, sino también por causa de otros, a quienes ayudará o lastimará con su ejemplo".

Cuando Dios nos disciplina, puede resultar incómodo y doloroso. Por eso, se nos dice que debemos "someternos" y "soportar" su disciplina en nuestra vida. Debemos "elegir la palabra de Dios como "una lámpara a mis pies, una luz en mi sendero". Las instrucciones continúan en el versículo 14, donde se nos dice: "Busquen la paz con todos, y la santidad, sin la cual nadie verá al Señor". Debemos proseguir y buscar la santidad permitiendo que Dios obre en nosotros al mismo tiempo que vivimos en paz con todos.

¿Cómo se puede lograr esto? ¿Cómo podemos "buscar la paz con todos" durante esos tiempos estresantes de nuestra vida cuando estamos en guerra con nosotros mismos porque Dios está tratando de producir un cambio en nosotros?

1. *Deje saber a otros que Dios está tratando con usted.* Cuando Dios está tratando con nosotros, no siempre entendemos qué está haciendo y por qué. Podemos sentirnos

confundidos porque no le encontramos sentido a todas las cosas que sentimos en nuestro interior, y esto puede ser una fuente de conflicto con los más cercanos, si no nos cuidamos de ello. Por esta razón, Dave y yo hemos aprendido a decirnos el uno al otro cuando creemos que Dios está tratando con nosotros. Podemos decir: "Dios está tratando conmigo. No sé en qué todavía, pero sé que algo está sucediendo dentro de mí, así que si actúo de forma inusual o parezco más callado, es por esa razón".

Antes de comenzar a decirnos el uno al otro cuándo Dios estaba tratando de cambiarnos, esos tiempos solían abrir puertas al conflicto entre nosotros. Si yo me estaba comportando de manera distinta, y David no entendía por qué no me había molestado en decirle la razón, él se quedaba callado. Entonces, yo pensaba que él tenía algún problema, y me exasperaba aún más, porque creía que ya tenía suficiente con qué lidiar, sin necesidad que él me tratara de forma extraña.

2. *Practique el dominio propio.* Otra cosa que he aprendido es que no tengo derecho a manifestar todos los sentimientos que tengo. Si Dios está tratando conmigo, debo dejar que lo haga sin ponerme melodramática y sin dar a la situación más importancia de la que merece.

Podemos aprender a superar los cambios que Dios trae a nuestra vida sin descargar nuestras frustraciones sobre los demás. Podemos, y deberíamos, aprender a llevar el buen fruto del Espíritu Santo durante los tiempos de cambio.

A veces, el cambio que Dios quiere hacer tiene que ver con algo que desea realizar por medio de nosotros.

¿Satanás está intentando impedir una cosa nueva que Dios desea realizar *por medio* de usted?

Durante mis años en el ministerio, me he dado cuenta de que a veces el Espíritu Santo me muestra por adelantado cosas en el horizonte para que comience a prepararme en esa área. Creo que para el Cuerpo de Cristo está llegando un tiempo en el que veremos muchas sanidades físicas. He recibido confirmación sobre esto de parte de otras personas del ministerio que también perciben que Dios está yendo en esa dirección. Puesto que, en esta instancia, podía ver lo que se viene, sabía que debía comenzar a estudiar, orar y buscar a Dios en el área de la sanidad de los enfermos. La preparación es vital para ser usados por Dios.

Dios me habló sobre cómo quería que procediera, y comencé. En las siguientes veinticuatro horas, me distraje de mis estudios, porque tuve que tratar con tres diferentes empleados que súbitamente necesitaban seria corrección. Con esto no quiero decir que alguno de estos empleados fuera una "mala" persona. Quiero hacerle ver que el diablo suscitará todo lo que pueda para distraernos cuando Dios está tratando de hacer algo en nosotros o a través de nosotros. Satanás usa el conflicto para impedir que progresemos. Intentará operar valiéndose de cualquier debilidad que una persona tenga (y todos tenemos alguna) en un momento en el que un nivel de gloria totalmente nuevo está a punto de irrumpir en nuestra vida.

Los tres empleados son gente preciosa que tiene en su pasado dolores y heridas que están tratando de superar. Estamos intentando ayudarlos, y, al hacerlo, debemos tratar con problemas de vez en cuando. Han sido heridos emocionalmente, y a veces sus emociones se les van un poco de las manos. El enemigo sabe que puede pulsar los botones correctos y agitar sus emociones.

Con el tiempo, esta debilidad será controlada por el Espíritu Santo y se convertirá en un punto fuerte para estas personas. Pero, por ahora, es un área que Satanás puede usar si ellos no se dan cuenta de su astuta manipulación. Como trabajan para nosotros, si el diablo los agita, yo debo acabar lidiando con la situación.

Cometemos el error de creer que el problema
es la gente, cuando nuestro verdadero
enemigo es el espíritu de contienda.

Al principio, no me daba cuenta de lo que estaba pasando, que es exactamente lo que Satanás quiere. Cuando puede ocultarnos la verdad, él tiene todo bajo control, y nosotros no sabemos qué está sucediendo realmente tras la escena. Pero cuando estas tres personas "por casualidad" tuvieron un problema el mismo día, me resultó obvio que había fuerzas "invisibles" operando.

Luego, en ese mismo periodo de veinticuatro horas, surgió algo relacionado con uno de nuestros hijos sobre lo cual Dave y yo teníamos una gran diferencia de opinión. Todos los padres deben tratar con estas situaciones de vez en cuando. Yo me sentía de una forma, y mi esposo de otra. No era un problema a largo plazo, pero cada vez que se presentaba, yo tenía que ocultar mis emociones y recordar que Dave era la cabeza del hogar. Cuando él y yo estamos en desacuerdo, puedo decir lo que pienso de manera respetuosa, pero luego debo dejar que él tome la decisión final y quedarme en paz. Aunque sé lo que debo hacer, hacerlo sigue requiriendo cierto monto de atención de mi parte.

Creo que Satanás se las arregló para que esta circunstancia en particular ocurriera precisamente en un momento en que sabía que podía alterarme y provocar tensión y conflicto entre Dave y yo. Ciertamente, el diablo no quiere que progrese en un ministerio de sanidad. No quiere que estudie y adquiera nueva revelación. No quiere que ayude a más personas y su sufrimiento se vea aliviado. Él batalla contra la iglesia y su avance en muchas cosas, pero como he dicho a través de este libro, una de sus armas favoritas es la disensión. Cometemos el error de creer que el problema es la gente, cuando nuestro verdadero enemigo es el espíritu de contienda.

No es de extrañar que Mateo 26:41 nos diga: "Estén alerta y oren". Debemos velar por nosotros mismos y estar alertas con respecto a cómo el enemigo está tratando de obrar en otras personas y circunstancias para impedir que avancemos y bloquear el fluir de la bendición y el poder de Dios en nuestra vida. También debemos estar alertas para que Satanás no use nuestros propios problemas como forma de impedir la obra del Señor en la vida de otra persona.

¿Qué debía hacer yo en estas cuatro situaciones? La respuesta puede darnos algunos principios para resistir el conflicto, de modo que Satanás no impida algo nuevo que Dios puede querer hacer a través de su propia vida.

1. *Siga adelante, seguro de hacer lo que Dios lo llamó a hacer.* Lidiar con ese problema era mi responsabilidad, pero también era importante que avanzara en mi estudio sobre la sanidad de los enfermos.

2. *Trate el problema, pero no ceda a la tentación de alterarse y exasperarse.* Era necesario tratar con cada individuo involucrado de manera benévola, sin permitirme a mí misma alterarme o exasperarme al respecto.

   A veces, me exaspero por algo que debe ser resuelto. Dave suele decirme que si el tiempo que paso preocupándome lo usara para resolver el asunto, el problema estaría atendido y terminado. Tiene razón, por supuesto, pero yo tuve que aprenderlo.

Ahora sé que la gente que trata con muchas otras personas siempre tendrá cosas que atender. Esto no significa que la gente sea mala; así es la vida. Dios quiere que caminemos en amor y soportándonos mutuamente, edificándonos y fortaleciéndonos los unos a los otros, y fomentando el progreso mutuo.

3. *Confíe en que Dios le dirá qué decir.* Satanás quiere conflicto, pelea, juzgamiento, ofensa y debilidad. Sabe que puede debilitar la fuerza de cualquier grupo trayendo división. Debemos orar y confiar en que Dios nos guiará a decirles las cosas correctas. No necesitamos pasarnos día y noche "ensayando" mentalmente lo que les vamos a decir, Satanás sólo quiere llenar nuestra mente con esos pensamientos inútiles.

Piénselo. ¿Cuántas veces ha pasado horas ensayando las palabras que iba a decirle a alguien a quien debía confrontar, y cuando llegó el momento, no dijo nada de eso? Todo ese "tiempo mental" fue desperdiciado. Habría sido mucho mejor pasar ese mismo tiempo meditando en la Palabra o pensando en la bondad de Dios.

Si confiamos en el Señor, Él nos guiará a decir lo que debemos decir en el momento oportuno. Yo debería pensar bastante en lo que digo para estar adecuadamente preparada, pero el desequilibrio permite que el enemigo desperdicie mi tiempo e impida mi avance.

La próxima vez que esté atravesando alguna clase de cambio, recuerde que el diablo verá este tiempo de estrés adicional de su vida como una oportunidad para suscitar problemas y potenciales conflictos. Esté alerta. Con frecuencia, los tiempos de cambio resultan duros, pero nos conducen a nuevos niveles de gloria.

Si Dios está tratando de hacer algún cambio en usted, dígaselo a las personas que la rodean y que serán afectadas por lo que le está sucediendo a usted, pero siga haciendo lo que debe, y deje que Dios haga lo que Él tiene que hacer. Permítale hacer su obra en usted. Esté atento y ore, y sea sabio con respecto a las estrategias y engaños del enemigo.

CAPÍTULO 13

Resumen y reflexión

Cuando estamos sometidos a cambios en casa, en el trabajo o en la iglesia, eso puede producirnos un tremendo estrés, que nos hace más vulnerables al conflicto. Tenemos que estar alertas durante esos momentos, de modo que sigamos adelante y confiemos en Dios con respecto a esa situación, para que su poder y su bendición puedan fluir sin obstáculos en nuestra vida.

1. ¿Ha atravesado en el pasado reciente o atraviesa en el presente un cambio con el cual resulta difícil tratar? Su oposición a ciertos cambios, ¿se basa en sus propias opiniones o en la Palabra de Dios? Explíquelo.

_____

_____

2. ¿Les dio o les ha dado a los cambios suficiente tiempo para ver si resultan para usted?

_____

_____

3. ¿Está dispuesto a hablar sobre sus sentimientos con quienes están en el liderazgo en vez de compartirlos con algún otro? ¿Cómo puede plantearlos de modo que continúen buscando paz?

_____

_____

_____

4. Si ya no puede ser feliz en la situación debido a los cambios que han ocurrido, ¿ama a la organización y su gente lo suficiente como para estar dispuesto a irse antes de causar conflicto?

_____

_____

5. Describa un tiempo en que Dios estaba tratando de traer un cambio en usted o por medio de usted y cómo "sufrió en silencio" o descargó su frustración en los demás.

_____

_____

_____

6. ¿Cómo "seguirá adelante" hacia esos cambios en el futuro?

_____

_____

Señor, te rindo mi vida en todas mis épocas y situaciones de cambios, tanto pasados como presentes y futuros. No me dejes permitir que los cambios me metan en conflictos. Ayúdame a acercarme más a ti en momentos y tiempos de cambio. Permíteme experimentar tu fortaleza, tu poder y tu paz en tales momentos. Y, Señor, cuando necesito ayuda extra para mantenerme tranquilo y pacífico, déjame acercarme un poquito más a tu corazón. En el nombre de Jesús, amén.

Proteger la unción

Varios años atrás, sentí que dios me guiaba a enseñar sobre el tema de la paz. Pasé un día entero sentada en el medio de mi cama estudiando. Sentía como si estuviera buscando algo relacionado con el tema de la paz, pero no sabía lo que era. Examiné las Escrituras, esperando que la luz de revelación viniera a mí, y me encontré con este pasaje: "Después de esto, el Señor escogió a otros setenta y dos para enviarlos de dos en dos delante de él a todo pueblo y lugar adonde él pensaba ir. Es abundante la cosecha —les dijo—, pero son pocos los obreros. Pídanle, por tanto, al Señor de la cosecha que mande obreros a su campo. ¡Vayan ustedes! Miren que los envío como corderos en medio de lobos. No lleven monedero ni bolsa ni sandalias; ni se detengan a saludar a nadie por el camino.

"Cuando entren en una casa, digan primero: 'Paz a esta casa'.

Si hay allí alguien digno de paz, gozará de ella; y si no, la bendición no se cumplirá.

Quédense en esa casa, y coman y beban de lo que ellos tengan, porque el trabajador tiene derecho a su sueldo. No anden de casa en casa" (Lucas 10:1-7).

Mientras leía, vi algo que nunca había visto antes en estos versículos. Sentí que el Señor me estaba mostrando que paz y poder van juntos. Cuando Jesús envió a los discípulos a sanar a los enfermos y proclamar el Reino de Dios, les dijo que buscaran un lugar lleno de paz donde residir y que permanecieran allí. Les dijo que necesitaban una "base de operaciones" que fuera pacífica. Sentí que el Espíritu Santo me estaba diciendo: "Joyce, si quieres tener un ministerio poderoso que ayude a multitudes, busca la paz y permanece en ella".

En ese tiempo, yo no tenía mucha paz que digamos. Seguía teniendo mucha confusión interior, y esto seguía causando muchos trastornos en mis relaciones con los demás. Todavía no había aprendido la importancia de vivir libre de contiendas. El Espíritu me mostró que así como Él les había dicho a los discípulos que buscaran un lugar donde hubiera paz y hicieran de ésa su base de operaciones, yo debía ser su casa —su base de operaciones— y quería que la casa donde Él trabajaba fuera pacífica.

Yo quería ministrar bajo una fuerte unción, y había estado orando regularmente al respecto. Dios estaba contestando mi oración y mostrándome qué era necesario que hiciera para permitir que la unción fluyera.

Por qué la paz y el poder van juntos

La unción de Dios siempre habita en el creyente. El apóstol Juan escribió en su epístola: "Todos ustedes, en cambio, han recibido unción del Santo, de manera que conocen la verdad.

"En cuanto a ustedes, la unción que de él recibieron permanece en ustedes, y no necesitan que nadie les enseñe. Esa unción es auténtica —no es falsa— y les enseña todas las cosas. Permanezcan en él, tal y como él les enseñó" (1 Juan 2:20, 27).

Aunque los creyentes siempre tienen la unción, la manifestación de la unción es vital para una vida y un ministerio poderosos. Como hemos visto, el conflicto indudablemente dificulta el fluir del poder de Dios: "No agravien al Espíritu Santo de Dios, con el cual fueron sellados para el día de la redención. "Abandonen toda amargura, ira y enojo, gritos y calumnias, y toda forma de malicia. Más bien, sean bondadosos y compasivos unos con otros, y perdónense mutuamente, así como Dios los perdonó a ustedes en Cristo" (Efesios 4:30-32).

El conflicto entristece al Espíritu Santo, y nos separará del poder y la unción del Espíritu. En cambio, el poder de la paz nos ata al Espíritu Santo, como vemos en Efesios 4:3: "Esfuércense por mantener la unidad del Espíritu mediante el vínculo de la paz".

Podríamos decir que la paz y el poder viven juntos. Están casados; se apoyan el uno al otro.

El poder de la unción

La unción del Espíritu Santo es una de las cosas más importantes de mi vida y ministerio. Me conduce a la presencia y el poder de Dios. La unción se manifiesta en la capacidad, la autoridad y la fuerza. La unción me ministra vida. Cuando la unción fluye, me siento físicamente viva y fuerte como también mentalmente alerta.

Cuando vivimos en paz y armonía, desatamos la unción de Dios para algo más que un ministerio. Creo que hay una unción para todo lo que fuimos llamados a hacer, no solamente para las cosas espirituales. Podemos estar ungidos para limpiar la casa, para lavar la ropa, para llevar adelante un hogar, un negocio o para ser un estudiante. La presencia de Dios hace que todo sea más fácil y placentero.

La gente se ríe cuando digo esto, pero hay una unción que viene sobre mí cuando voy de compras. Si está allí, el viaje resulta muy fructífero y placentero. Si no, no encuentro nada de lo que estaba buscando. No puedo decidir qué comprar. Aunque encuentre algo que me gusta, no tengo un real deseo de comprarlo. En momentos como ésos, digo: "Si compro algo hoy, tendría que saltar del estante y vestirme".

¿Para qué otra clase de cosas podemos esperar tener unción? Creo que una mujer puede ir a la tienda de comestibles y ser ungida por Dios para hacer las compras para su familia si ejercita la fe para soltar la unción. Si se siente molesta con la tienda de comestibles porque no tiene algunas cosas que ella necesita, la unción dejará de fluir en su trayecto hasta que vuelva a un estado de paz y el conflicto desaparezca.

Creo que hay una unción para ir a su lugar
de trabajo y disfrutar de estar allí.

Creo que podemos disfrutar de un descanso ungido cuando nos vamos a la cama por la noche. Sin embargo, si una persona se acuesta y piensa en una situación llena de conflictos, es probable que él o ella no duerma bien por tener los sueños con inquietos o por dar vueltas en la cama toda la noche.

Creo que hay una unción para ir a su lugar de trabajo y disfrutar de estar allí. La unción también lo ayudará a hacer su trabajo con facilidad. Una vez más, si tiene conflictos con su jefe u otros empelados, la unción quedará bloqueada. Ya sea que el conflicto sea declarado o escondido en su corazón, el efecto es el mismo.

Por lo tanto, mantenga alejado el conflicto para poder vivir por la unción. Dios se lo ha dado para ayudarlo en todo cuanto hace. Hay cosas que no se logran con fuerza ni poder, sino por su Espíritu. (Vea Zacarías 4:6.) Manténgase tranquilo y en calma; sea rápido para perdonar, lento para enojarse, paciente y amable. Proteja la unción en su vida, y siembre buenas semillas ayudando a otros a hacer lo mismo. Al hacerlo, recogerá una cosecha en su propio tiempo de necesidad.

Proteger la unción

La Palabra de Dios nos enseña a velar los unos por los otros. Esto es parte del caminar en amor. Leemos en Hebreos 12:1415: "Busquen la paz con todos, y la santidad, sin la cual nadie verá al Señor. Asegúrense de que nadie deje de alcanzar la gracia de Dios; de que ninguna raíz amarga brote y cause dificultades y corrompa a muchos".

Podemos ayudar a nuestros seres queridos a seguir la paz manteniendo la paz, especialmente cuando sabemos que se encuentran bajo presión. Por ejemplo, mi familia sabe que justo antes de cada uno de nuestros servicios, estoy ocupada meditando en lo que Dios me ha dado para ministrar ese día. Les he pedido que se abstengan de decirme cualquier cosa que pudiera llegar a ser perturbadora justo antes de una reunión. Ellos me ayudan tratando de mantener una atmósfera de paz.

Podemos ayudarnos mutuamente a evitar el conflicto siendo un poco más sensibles a las necesidades de los demás. Por ejemplo:

► Cuando un esposo llega a casa después de un día especialmente agotador en la oficina, su esposa puede ministrarle paz llevando a los niños a una actividad que cree una atmósfera más tranquila, en vez de una caótica.

► Cuando una esposa ha estado limpiando y cocinando durante toda la jornada para una celebración donde se reúne toda la familia al día siguiente, su esposo puede ministrarle paz, llevando a los niños a algún lado por la tarde para que ella pueda tener un largo periodo de quietud.

► Si un niño ha estado tomando exámenes finales durante una semana y está bajo estrés, los padres pueden abstenerse de corregirlo por tener la habitación desordenada o por dejar la bicicleta en el camino de entrada hasta que el estrés de los exámenes haya terminado.

Después de estar casada con Dave durante más de veintinueve años, puedo darme cuenta de cuándo está cansado o cuándo no se siente bien. He aprendido a ministrarle paz en esos momentos, en lugar de traerle un problema justamente entonces. Es un hombre muy tranquilo y probablemente podría manejarse bastante bien aunque le llevara el problema, pero no sirve de nada agregar peso a una carga de por sí pesada.

La gracia es un favor inmerecido. Podemos hacerles un favor a otros y ayudarlos a proteger la unción, al no ejercer excesiva presión sobre ellos en tiempos en los que son más vulnerables al conflicto. Para mí, ese tiempo es cuando estoy a punto de ministrar. Para usted, quizás sea algún otro momento o circunstancia. Es importante saber cuándo es más probable que usted sucumba al conflicto para así poder proteger la unción y experimentar el poder de Dios en toda su vida.

Podemos hacerles un favor a otros y
ayudarlos a proteger la unción, al no ejercer
excesiva presión sobre ellos en tiempos en
los que son más vulnerables al conflicto.

Jesús tuvo múltiples oportunidades para estar en conflicto, pero, sin vacilación, rechazó cada una de ellas. Incluso, cuando colgaba de la cruz oró: "Padre, perdónalos, porque no saben lo que hacen" (Lucas 23:34). Judas, Herodes, Pilato y los fariseos, todos le presentaron oportunidades de conflicto. Él convirtió cada una de ellas en una oportunidad para mostrar el carácter de su Padre. En lugar de contender, reaccionaba con dulzura, cortesía y paciencia.

Con su ayuda, usted puede hacer lo mismo. Puede hacerle frente al enemigo: "No tengas nada que ver con discusiones necias y sin sentido, pues ya sabes que terminan en pleitos. Y un siervo del Señor no debe andar peleando; más bien, debe ser amable con todos, capaz de enseñar y no propenso a irritarse" (2 Timoteo 2:23–24).

La unción de Dios está sobre usted para cualquier tarea que fuere. No la ceda por satisfacer alguna emoción carnal que lo esté empujando a actuar como lo haría el diablo en lugar de como lo haría Dios. No bloquee el fluir por permitir la contienda en su vida. Sea todo lo que Dios lo llamó a ser. Viva en paz consigo mismo, con Dios y con los demás.

CAPÍTULO 14

Resumen y reflexión

La unción del Espíritu Santo reside en usted para investirlo de poder, fortalecerlo, iluminarlo y equiparlo para el ministerio.

1. La contienda y la amargura entristecen al Espíritu Santo. Según Efesios 4:30-32, ¿cuál es el antídoto escritural para la contienda?

_____

_____

_____

2. Así como el conflicto repele al Espíritu, el poder de la paz liga al Espíritu con nosotros. ¿Qué actitudes le ayudarán para no contristar jamás al Espíritu Santo, según Efesios 4:30-32?

_____

_____

_____

3. El Señor envió a los discípulos para que fueran y encontraran una "base de operaciones" que fuera pacífica. Lea Lucas 10:1-7 y explique por qué cree que el Señor les dio esta orden.

_____

_____

_____

4. Su "base de operaciones", ¿es pacífica, ya sea su hogar, su empleo, la iglesia o su círculo de amigos? ¿Qué puede hacer usted para que su entorno sea más pacífico?

_____

_____

_____

5. ¿Cómo puede ayudar a los demás para que protejan la unción de su vida?

_____

_____

_____

6. ¿Qué puede hacer usted para proteger la unción de su propia vida?

_____

_____

_____

Amado Padre, concédeme la gracia de vivir y operar en un ambiente de paz. Muéstrame qué actitudes y hábitos tengo que podrían contribuir al conflicto. Provéeme tus estrategias divinas para ser un pacificador dondequiera que vaya. En el nombre de Jesús, amén.

Reclamar nuestra herencia

Usted y yo somos coherederos con Jesucristo. Jesús dijo en Juan 16:15: "Todo cuanto tiene el Padre es mío. Por eso les dije que el Espíritu tomará de lo mío y se lo dará a conocer a ustedes".

Todo lo que el Padre tiene es suyo por medio de Jesucristo. Su Reino es de justicia, paz y gozo. Todo lo que esté de acuerdo con su voluntad producirá pensamientos, palabras y acciones de justicia, y esto también es suyo. La paz y el gozo sobrenaturales, que no se basan en las circunstancias positivas o negativas, le pertenecen a usted como creyente. Lea lo que dice en Juan 14:27: "La paz les dejo; mi paz les doy. Yo no se la doy a ustedes como la da el mundo. No se angustien ni se acobarden".

En esencia, Jesús estaba diciendo: "Te deseo mi paz. Yo me voy, y lo que deseo dejarte es mi paz". Su especial paz es una maravillosa posesión. ¿Cuán valiosa es la paz? ¿Cuánto vale?

La paz costó el derramamiento de su sangre. El profeta dijo: "Él fue traspasado por nuestras rebeliones, y molido por nuestras iniquidades; sobre él recayó el castigo, precio de nuestra paz, y gracias a sus heridas fuimos sanados" (Isaías 53:5).

Jesús se convirtió en el sacrificio de sangre que expió y quitó por completo su pecado para que usted viva en paz. La voluntad de Dios para usted es que viva en paz con Él, consigo mismo y con los demás. Quiere que tenga paz en medio de las circunstancias que lo rodean, ya sean buenas o malas. Quiere que tenga paz por la mañana, por la noche, y en todo momento del día. ¡La paz es su herencia!

Jesús se convirtió en el sacrificio
de sangre que expió y quitó por completo
su pecado para que usted viva en paz.

La paz y el gozo de la vida van de la mano. Usted puede disfrutar más de la vida con abundancia de paz. La paz es gloriosa, y es un derecho que usted ha heredado. La paz es suya a través de la "línea de sangre" de Jesús.

¿Está experimentando paz y gozo sobrenaturales? ¿Qué está pasando en su interior? ¿Hay una atmósfera de paz? ¿De gozo?

Si no es así, debe reclamar su herencia. Es necesario que reclame la paz y el gozo que le pertenecen. Hágalo así:

Pídale a Dios que le revele la raíz del problema

Satanás no quiere que usted sepa qué es lo que le está robando la paz y el gozo. Quiere que corra en círculos, por así decirlo, siempre buscando algo, pero sin descubrir nada. Es importante recordar que no tenemos lucha contra carne ni sangre. Muchas veces, nuestros problemas no son lo que pensamos, sino que tienen raíces en un conflicto sutil, oculto.

Pídale a Dios que le muestre qué le está robando la paz, y después reclame la paz para esa área.

De esta manera, Satanás engaña a la gente. Las personas pasan su vida intentando lidiar con los problemas incorrectos. Por ejemplo, ¿se le ocurrió pensar alguna vez que la confusión es conflicto en su mente? La gente confundida pelea consigo misma. Su pensamiento va y viene y produce que haya conflicto entre los unos con los otros. Una persona de doble ánimo no tiene paz.

La preocupación también es una forma de conflicto. Muchas madres piensan que no son buenas madres si no se preocupan por sus hijos. Están engañadas. Estas mujeres aman al Señor, pero no están experimentando la bendición de Dios en su vida: no están experimentando gozo sobrenatural. Sus mentes no tienen paz; están llenas de preocupación, ansiedad y confusión.

La preocupación conduce a la turbación emocional. En Juan 14:27, Jesús nos aconseja: "No se turbe vuestro corazón, ni tenga miedo".

Pero la Biblia nos enseña que la paz mental es nuestra herencia. También nos enseña cómo obtenerla: "No se inquieten por nada; más bien, en toda ocasión, con oración y ruego, presenten sus peticiones a Dios y denle gracias. Y la paz de Dios, que sobrepasa todo entendimiento, cuidará sus corazones y sus pensamientos en Cristo Jesús" (Filipenses 4:6, 7).

Entonces, pídale a Dios que le muestre qué le está robando la paz, y después reclame la paz para esa área. Recuerde que si quiere vivir en paz, debe estar dispuesto a pagar el precio.

Esté dispuesto a pagar el precio

La paz es gloriosa, pero sería injusto para usted si yo no le dijera que el sufrimiento es, con frecuencia, el camino a la gloria. Romanos 8:17 dice esto claramente: "Y si somos hijos, somos herederos; herederos de Dios y coherederos con Cristo, pues si ahora sufrimos con él, también tendremos parte con él en su gloria".

Jesús vive en gloria en este preciso momento, pero tuvo que sufrir para llegar allí. Tuvo que morir. Tuvo que morir a sus propios deseos naturales y vivir para la voluntad de su Padre. Pablo dijo: "Cada día muero" (1 Corintios 15:31). Creo que estaba diciendo: "Hay muchas cosas que preferiría hacer, y cosas que preferiría no hacer, pero digo no y sigo al espíritu de Dios que está en mí".

Dios nos ha dicho: "He puesto delante de ti la vida y la muerte; escoge la vida" (Deuteronomio 30:19, paráfrasis de la autora). Hacer elecciones correctas puede causar sufrimiento cuando la carne no obtiene lo que quiere. La carne ministra muerte, pero el Espíritu ministra vida. Si seguimos a nuestra carne, el resultado es la muerte. Si seguimos al Espíritu, la recompensa es la vida. Elegir la paz en lugar de la contienda ciertamente lo recompensará con vida y todas las bendiciones que ella trae. Pero, inicialmente, quizás deba decir "no" a algo que su carne quiere.

Deje que la paz tenga el voto decisivo
en las elecciones que haga.

Por ejemplo, supongamos que me levanto una mañana, y tengo paz. Es un hermoso día soleado, y tengo lindos planes que me darán placer todo el día. Si todo sale como lo planeo, todo va a estar bien.

Sin embargo, comienzan a suceder cosas que amenazan mis planes para disfrutar del día.

Recibo una llamada telefónica de la oficina, y me informan que nuestro nuevo sistema telefónico no está funcionando correctamente, y que muchos de las llamadas no se pueden realizar. Esta información me da una oportunidad.

¿Me voy a preocupar para elegir la muerte? ¿O voy a orar y echar mi carga sobre Jesús para elegir la vida?

Si echo mi carga sobre Jesús, me voy a quedar en paz. Si cedo a la preocupación, voy a empezar a tratar de entender por qué ocurrió este problema y a ver qué puedo hacer para que no vuelva a suceder. Voy a tener pensamientos negativos acerca de la compañía a la que le compramos el teléfono, y, dentro de no mucho, querré llamarlos para decirles lo que pienso de ellos y su sistema telefónico. Voy a estar nerviosa, inquieta, irritable y enojada.

Recuerde, cuando me levanté por la mañana, todo era maravilloso. Si lo permito, una llamada tiene el poder de cambiar todo mi día y mi actitud. Hacer la elección correcta puede hacer que sufra temporalmente en algunas áreas, pero finalmente producirá paz y gozo en muchas otras.

Es importante notar que, con frecuencia, nos desequilibramos en el área del sufrimiento. Algunos cristianos creen que glorificamos a Dios por nuestro sufrimiento. Dicen: "Amemos el sufrimiento, y jamás resistamos ningún problema". Otros creen que los cristianos nunca deberían sufrir, nunca estar incómodos, y que todo salga siempre como ellos quieren. Sin embargo, no podemos vivir en la cuneta de ninguno de los lados de la calle del sufrimiento. Debemos transitar por el medio de la calle. Necesitamos equilibrio, no extremos.

El sufrimiento, en sí mismo, no glorifica a Dios. Pero si estamos sufriendo para hacer su voluntad, y mantenemos una actitud adecuada, nuestro sufrimiento le traerá gloria. Elegir las cosas correctas traerá gloria a nuestras vidas.

Ahora, vivo en una paz gloriosa la mayor parte del tiempo. Pero pasé por mucho sufrimiento para llegar a este lugar. Tuve que aprender a quedarme callada cuando hubiera preferido seguir hablando. Tuve que aprender a humillarme y pedir perdón cuando creía no estar equivocada. Al elegir esas cosas, mi carne sufría.

Yo tuve que quedarme callada cuando David creía que él tenía razón, aunque hubiera preferido pelear y tratar de demostrar que yo tenía la respuesta. Tuve que dejar conversaciones en las que se criticaba y juzgaba a la gente para permanecer alejada del conflicto que podía percibir. Mi carne sufría, porque era entrometida y quería saberlo todo. Pero la paz y el gozo que disfruto valen el precio.

Entonces, no tenga miedo del "sufrimiento piadoso". El apóstol Pablo escribió una carta a los corintios y leía algo como esto: "Aunque mi carta les causó dolor, no me arrepiento de haberla escrito, porque sé que más adelante producirá cosas buenas en sus vidas". (Vea 2 Corintios 7:8, RV60.)

Si usted elige la contienda, sufrirá y acabará derrotado. ¿Por qué no elegir la paz, que puede provocarle sufrimiento en la carne, pero que también lo conducirá a la victoria? Si está sufriendo por causa de un conflicto, esto sólo lo llevará a más sufrimiento y mayores problemas. ¿Por qué no elegir sufrir de manera piadosa, sabiendo que esto lo llevará a la gloria?

¿Hará que la paz sea el árbitro de su vida?

Nadie podría escribir un libro lo suficientemente grande para tratar cada circunstancia que usted enfrentará. Pero el Espíritu Santo ha venido para administrar la herencia por la cual Jesús murió para que usted obtenga. Dios quiere que usted viva en paz; quiere desatar su poder y sus bendiciones en su vida. Pero la decisión final es suya.

¿Hará que la paz sea el árbitro de su vida?

Un árbitro toma la decisión que resuelve un asunto. Cada equipo puede creer que se debería fallar a su favor, pero el árbitro es quien toma la decisión final. Una vez que lo hace, se da por finalizado un asunto. Deje que la paz tenga el voto decisivo en las elecciones que haga. Si algo no le puede dar paz, deséchelo. No viva solamente para el momento. Use sabiduría para tomar ahora decisiones que lo satisfarán más adelante. Cuando está atravesando momentos en los que le resulta difícil oír a Dios, o decidir lo que debería hacer en determinada situación, siga la paz.

Colosenses 3:15 nos dice: "Que gobierne en sus corazones la paz de Cristo, a la cual fueron llamados en un solo cuerpo. Y sean agradecidos."

Usted tiene un llamado único en su vida. Usted es una parte importante del Cuerpo de Cristo. Dios ya ha arreglado todo de antemano para que usted tenga una vida poderosa y productiva. Jesús pagó por ella. Es suya, a menos que usted permita que el diablo se la robe.

Tome la decisión hoy: "Pongo fin a la turbación y la confusión; la paz es mía, y voy a disfrutarla ahora", y comience a vivir en paz. Mantenga el conflicto lejos de su vida; lejos de sus pensamientos, palabras y actitudes; lejos de sus relaciones. ¡Elija la vida! ¡Elija la paz!

CAPÍTULO 15

Resumen y reflexión

Somos herederos de Cristo, según la Palabra de Dios. Jesús dijo: "Y todo cuanto tiene el Padre es mío. Por eso les dije que el Espíritu tomará de lo mío y se lo dará a conocer a ustedes" (Juan 16:15).

Pero aunque tenemos una herencia rica, maravillosa y poderosa en Cristo, muy pocos de nosotros caminamos siquiera en lo que Él nos ha dado. Para reclamar nuestra herencia, es necesario que mantengamos relaciones libres de contienda.

1. Según Juan 14:27, la paz fue parte de la última voluntad y legado de Jesucristo para su pueblo. Si Jesucristo habló de la paz precisamente antes de morir, ¿cuán importante cree usted que es la paz en la valoración que Él le da?

   _____

   _____

2. Lea Filipenses 4:6-7 y describa una manera bíblica de conservar su paz.

   _____

   _____

3. ¿Está viviendo en paz consigo mismo, con los otros y con Dios? Si es así, explique por qué ha sido capaz de hacerlo. Si no, pídale a Dios que le revele lo que le está robando su paz y lo que es necesario que usted haga para ser un pacificador.

   _____

   _____

4. Haga una lista de las formas en que usted ha elegido negarse a los deseos carnales y mantener la paz en una relación.

_____

_____

_____

5. Piense en su día hoy. Describa cómo eligió la paz y evitó conflictos y contiendas, o esos momentos en que cedió a ellos. ¿Cuál fue el resultado?

_____

_____

_____

6. ¿Tomará hoy la decisión de hacer que la paz sea el árbitro de su vida? Escriba una oración, contándole a Dios su compromiso de hacerlo.

_____

_____

_____

Amado Señor, ayúdame a hacer que la paz sea el árbitro de mi vida en todas mis relaciones. Muéstrame cada vez más las estrategias bíblicas para mantener la paz. Espíritu Santo, llámame la atención cuando el conflicto intente entrar en mi corazón y mi mente. Muéstrame cómo tamizar toda situación con fe, amor, confianza y gozo. En el nombre de Jesús, amén.

Bibliografía

Strong, James. *Nueva concordancia Strong exhaustiva,* Editorial Caribe, 2002.

Vine, W. E., *Vine diccionario expositivo de palabras del Antiguo y del Nuevo Testamento exhaustivo,* Editorial Caribe, 2005.

Webster's II New Riverside University Dictionary. Houghton Mifflin Company, 1994.

Hart, Archibald D. El vínculo oculto entre adrenalina y estrés, Word Books, 1986.

Acerca de la autora

Joyce Meyer es reconocida mundialmente por enseñar la Palabra de Dios de una manera práctica. Como autora de éxitos de ventas #1 del New York Times, Meyer ha escrito más de 100 libros inspiradores, entre ellos: *El campo de batalla de la mente para niños, El campo de batalla de la mente para jóvenes, Cómo oír a Dios, La batalla es del Señor,* y muchos más. Su programa radial y televisivo, "Disfrutando la vida diaria", se transmite por el mundo entero. Meyer viaja mucho para compartir el mensaje de Dios en sus conferencias. Joyce y su esposo, Dave, son los padres de cuatro hijos adultos, y residen en St. Louis, Missouri.

R.T. KENDALL

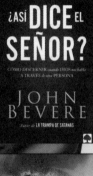

Te invitamos a que visites nuestra página
web, donde podrás apreciar la pasión por
la publicación de libros y Biblias:

www.casacreacion.com

Para vivir la Palabra